全国中等卫生职业教育规划教材

供护理、助产及其他医学相关专业使用

老年护理

（修订版）

主　编　生加云

副主编　李秀芹　陈　瑜　于志云

编　者　（以姓氏笔画为序）

于志云　西安市卫生学校
生加云　新疆吐鲁番职业技术学院
李秀芹　黑龙江省绥化市卫生学校
张　静　包头医学院职业技术学院
张爱萍　石河子大学护士学校
陈　瑜　安徽省淮南卫生学校
林丽丽　黑河市卫生学校

科学出版社

北　京

内 容 简 介

本书突出老年护理技能培养的特点,注重老年人的健康需求,加强老年人自我保健与护理内容的阐述。每章前面设有学习要点提示;每节前面有案例导入,以项目任务、问题诱导,启发教学,激发学生学习兴趣;为更有利于培养学生运用所学知识和开展教学活动,内容叙述中插有重点提示,每章节后有讨论与思考。实践部分采用案例讨论、临床实践等方法,以提高学生综合素质和应用能力。数字化教辅和网络资料包括教学大纲、课程教学PPT、练习题等。全书共分为8章,即绪论、老年人的健康管理、老年人心理健康与护理、老年人的日常生活护理、老年人的安全用药与护理、老年人常见的健康问题与护理、老年人常见的疾病与护理、老年人的临终关怀与临终护理。

本书供全国中等卫生职业学院护理、助产及其他医学相关专业使用。

图书在版编目(CIP)数据

老年护理 / 生加云主编 .—修订本 .—北京:科学出版社,2016
全国中等卫生职业教育规划教材
ISBN 978-7-03-048675-2

Ⅰ. 老… Ⅱ. 生… Ⅲ. 老年医学-护理学-中等专业学校-教材
Ⅳ. R473

中国版本图书馆 CIP 数据核字(2016)第127400号

责任编辑:徐卓立 杨小玲 / 责任校对:刘亚琦
责任印制:徐晓晨 / 封面设计:黄华斌

科学出版社出版
北京东黄城根北街16号
邮政编码:100717
http://www.sciencep.com
北京虎彩文化传播有限公司印刷
科学出版社发行 各地新华书店经销
*
2016年6月第 一 版 开本:787×1092 1/16
2020年3月第二次印刷 印张:9 3/4
字数:226 000

定价:24.00元

(如有印装质量问题,我社负责调换)

全国中等卫生职业教育规划教材
编审委员会
（修订版）

全国中等卫生职业教育规划教材
教 材 目 录
（修订版）

1	解剖学基础	于晓谟	袁耀华	主编
2	生理学基础	柳海滨	林艳华	主编
3	病理学基础	周溢彪	刘起颖	主编
4	生物化学概论		高怀军	主编
5	病原生物与免疫学基础	饶洪洋	张晓红	主编
6	药物学基础	符秀华	付红焱	主编
7	医用化学基础	张彩霞	张　勇	主编
8	就业与创业指导	丁来玲	万东海	主编
9	职业生涯规划		宋建荣	主编
10	卫生法律法规		李云芝	主编
11	信息技术应用基础	张伟建	程正兴	主编
12	护理伦理学		王晓宏	主编
13	青少年心理健康		高云山	主编
14	营养与膳食指导	靳　平	冯　峰	主编
15	护理礼仪与人际沟通	王　燕	丁宏伟	主编
16	护理学基础	王　静	冉国英	主编
17	健康评估	张　展	袁亚红	主编
18	内科护理	董燕斐	张晓萍	主编
19	外科护理	王　萌	张继新	主编
20	妇产科护理	王春先	刘胜霞	主编
21	儿科护理	黄力毅	李砚池	主编
22	康复护理	封银曼	高　丽	主编
23	五官科护理		陈德荣	主编
24	老年护理		生加云	主编
25	中医护理	韩新荣	朱文慧	主编
26	社区护理		吴　苇	主编
27	心理与精神护理		杨明荣	主编
28	急救护理技术		杨建芬	主编
29	护理专业技术实训		曾建平	主编
30	产科护理	潘　洁	李民华	主编
31	妇科护理	王月秋	吴晓琴	主编
32	母婴保健	王海燕	王莉杰	主编
33	遗传与优生学基础	田廷科	赵文忠	主编

全国中等卫生职业教育规划教材
修 订 说 明

《全国中等卫生职业教育规划教材(护理、助产专业)》在编委会的组织下,在全国各个卫生职业院校的支持下,从2009年发行至今,已经走过了8个不平凡的春秋。在8年的教学实践中,教材作为传播知识的有效载体,遵照其实用性、针对性和先进性的创新编写宗旨,落实了《国务院关于大力发展职业教育的决定》精神,贯彻了《护士条例》,受到了卫生职业院校及学生的赞誉和厚爱,实现了编写精品教材的目的。

这次修订再版是在前两版的基础上进行的。编委会全面审视前两版教材后,讨论制定了一系列相关的修订方针。

1. *修订的指导思想* 实践卫生职业教育改革与创新,突出职业教育特点,紧贴护理、助产专业,有利于执业资格获取和就业市场。在教学方法上,提倡自主和网络互动学习,引导和鼓励学生亲身经历和体验。

2. *修订的基本思路* 首先,调整知识体系与教学内容,使基础课更侧重于对专业课知识点的支持、利于知识扩展和学生继续学习的需要,专业课则紧贴护理、助产专业的岗位需求、职业考试的导向;其次,纠正前两版教材在教学实践中发现的问题;最后,调整教学内容的呈现方式,根据年龄特点、接受知识的能力和学习兴趣,注意纸质、电子、网络的结合,文字、图像、动画和视频的结合。

3. *修订的基本原则* 继续保持前两版教材内容的稳定性和知识结构的连续性,同时对部分内容进行修订和补充,避免教材之间出现重复及知识的棚架现象。修订重点放在四个方面:①根据近几年新颁布的卫生法规和卫生事业发展规划及人民健康标准,补充学科的新知识、新理论等内容;②根据卫生技术应用型人才今后的发展方向,人才市场需求标准,结合执业考试大纲要求增补针对性、实用性内容;③根据近几年的使用中读者的建议,修正、完善学科内容,保持其先进性;④根据学生的年龄和认知能力及态度,进一步创新编写形式和内容呈现方式,以更有效地服务于教学。

现在,经过全体编者的努力,新版教材正式出版了。教材共涉及33门课程,可供护理、助产及其他相关医学类专业的教学和执业考试选用,从2016年秋季开始向全国卫生职业院校供应。修订的教材面目一新,具有以下创新特色。

1. *编写形式创新* 在保留“重点提示，适时点拨”的同时，增加了对重要知识点/考点的强化和提醒。对内容中所有重要的知识点/考点均做了统一提取，标列在相关数字化辅助教材中以引起学生重视，帮助学生拓展、加固所学的课程知识。原有的“讨论与思考”栏目也根据历年护士执业考试知识点的出现频度和教学要求做了重新设计，写出了许多思考性强的问题，以促进学生理论联系实际和提高独立思考的能力。

2. *内容呈现方式创新* 为方便学生自学和网络交互学习，也为今后方便开展慕课、微课等学习，除了纸质教材外，本版教材创新性提供了手机版 APP 数字化辅助教材和网络教学资源。其中网络教学资源是通过网站形式提供教学大纲和学时分配以及讲课所需的 PPT 课件（包含图表、影像等），手机版数字化教辅则通过扫描二维码下载 APP，帮助学生复习各章节的知识点/考点，并收集了大量针对性强的各类练习题（每章不低于 10 题，每考点 1～5 题，选择题占 60% 以上，专业考试科目中的案例题不低于 30%，并有一定数量的综合题），还有根据历年护士执业考试调研后组成的模拟试卷等，极大地提高了教材内涵，丰富了学习实践活动。

我们希望通过本次修订使新版教材更上一层楼，不仅继承发扬该套教材的针对性、实用性和先进性，而且确保其能够真正成为医学教材中的精品，为卫生职教的教学改革和人才培养做出应有的贡献。

本套教材第 1 版和第 2 版由军队的医学专业出版社出版。为了配合当前实际情况，使教材不间断地向各地方院校供应，根据编委会的要求，修订版由科学出版社出版，以便为各相关地方院校做好持续的出版服务。

感谢本系列教材修订中全国各卫生职业院校的大力支持和付出，希望各院校在使用过程中继续总结经验，使教材不断得到完善和提高，打造真正的精品，更好地服务于学生。

编委会

2016 年 6 月

修订版前言

21 世纪是人口老龄化的时代,人口老龄化已成为世界性问题。我国是世界上拥有老龄人口最多的国家,也是老龄人口增长最快的国家。随着老龄化社会的到来,社会对老年护理专业人才需求量剧增。如何提供适合老年人群所需的医疗保健、生活照顾等服务,提高老年人的生活质量,已成为当今社会的一项重要课题。

我国人口老龄化现状对老年护理提出了更高的要求,因此,大力发展老年护理事业,加强老年护理教育,加快老年护理专业人才的培养已是当务之急,尤其是加快老年护理教材的建设更是迫在眉睫。为此,我们在出版社的指导下,依照国家卫生部、教育部护理专业教学计划与大纲,参阅国内外有关老年护理资料,借鉴国外老年护理模式,以及国内外老年护理职业岗位要求,同时对多家养老院进行走访、调研,并在临床老年护理专家的指导下,结合多年的实际教学与课程建设经验,修订编写了这本《老年护理》教材。

本书遵循整套教材的编写原则,力求符合中等卫生职业教育护理专业人才培养的目标与要求,涵盖国家执业护士资格考试内容。在教材内容结构编排上,突出"以老年人健康为中心,以护理程序为框架,以现代整体护理为指导,以老年人自我保健与健康促进为理念"的思想。本教材具有的特点是:①突出老年护理技能培养的特点,避免与《健康评估》《护理学基础》《内科护理》《外科护理》等教材内容交叉重叠。②注重老年人的健康需求,加强了老年人自我保健与护理内容的阐述。③每章前面设有学习要点提示;每节前面有案例导入,以项目、任务、问题等诱导启发教学,激发学生学习兴趣;为更有利于培养学生运用所学知识和开展教学活动,内容叙述中插有重点提示,每章节后有讨论与思考。④实践部分采用案例讨论、临床实践等方法,以提高学生综合素质和应用能力。⑤本教材附带有数字化教辅和网络资料,其中网络资料包括教学大纲、课程教学 PPT 等,手机版 APP 包括考点提示、练习题和模拟试卷等,均可通过二维码扫描获取,为教师教学与学生学习提供了方便。

本教材共分为 8 章,即绪论、老年人的健康管理、老年人心理健康与护理、老年人的日常生活护理、老年人的安全用药与护理、老年人常见的健康问题与护理、老年人常见的疾病与护理、老年人的临终关怀与临终护理。主要供中等卫生职业教育护理、助产、涉外护理专业和临床护理人员使用。

本书在编写过程中,得到出版社及医学院校护理专家的指导和帮助,各位编者单位给予了大力支持,在此表示诚挚的谢意!

由于编写时间仓促,难免存在错误与疏漏,恳请专家、护理同仁、各位读者提出宝贵意见,以便进一步修订与提高。

编　者

2016 年 6 月

目　录

第 1 章 绪 论

学习要点

1. 老年护理学概念及老年护理目标
2. 老年护理的职业道德准则
3. 人口老龄化概念及老龄化社会划分标准
4. 我国人口老龄化的特点
5. 老年人各系统生理功能老化的变化

第一节 老年护理学概述

案例分析

最新统计数据显示,2013 年我国老年人口达 2.02 亿,占总人口的 14.8%,慢性病老年人口、空巢老年人口规模持续上升,达 1 亿;2012 年农村留守老年人已达 5000 万人;无子女老年人和失独老年人开始增多,2012 年已有 100 万个失独家庭,每年以 7.6 万个家庭的数量持续增加。

请分析:面对如此迅猛的老龄化发展趋势,作为一名护士,你认为老年健康照护重要程度如何?这些老年人群是失能、致残、智障的高发人群,你看到他们有哪些服务需求?

随着人们生活水平不断提高,人类平均寿命逐渐延长,人口老龄化是社会发展的必然结果,成为 21 世纪全球性的重大社会问题。我国人口老龄化的发展速度居世界前列,未来将急速从轻度老龄化转变成重度老龄化,老年人随年龄增长日常生活自理能力下降,多病缠身,老年人需要生活护理、疾病专业护理、康复护理、心理护理和健康教育等服务显著增多。因此,学习、运用、研究老年护理学具有十分现实的意义。

一、老年护理学概念与老年护理目标

1. *老年护理学* 是以老年人和老年社会为研究对象,认识老年人生理、病理、心理变化规律及社会与老年人的关系,从而研究、诊断和处理老年人对自身存在和潜在健康问题反应的学科。它来源于老年学,是护理学的一个分支,与基础医学、临床医学、预防医学、康复医学及社会科学等相互渗透。

老年护理的重点是以老年人为主体,从老年人身心、社会文化的需要出发,用医学护理手段或措施解决老年人的健康问题。护理人员要积极应对人口老龄化,使广大老年人健康、充实、有保障、有尊严地生活,形成家庭和睦、社会和谐的新风尚。

2. *老年护理目标* 目前,许多发达国家已把"提高老年人生活质量"作为老年护理的最终和最高目标,同时也作为老年护理效果评价的一个有效判断标准。因此,老年护理工作目标不仅是老年人疾病的转归和寿命的延长,还是促进老年人在生理、心理和社会适应方面的完美状态,延缓老年人身体衰老、恶化,提高自我照顾能力,提高老年人生活质量,使老年人在健康的基础上长寿,做到年高不老、寿高不衰,支持濒死病人保持其舒适与尊严,体现生命意义和价值。

重点提示

国际老龄联合会提出21世纪养老新理念:①养老由满足物质需求向满足精神文化需求发展;②养老原则由传统经验养生向科学养生发展;③养老目标由过去追求长寿到现在健康,再到老龄化社会尊严,由追求生活质量向追求生命质量转变;④养老的意义由安身立命向情感心理依托转变。

二、老年护理道德准则和执业标准

(一)老年护理的道德准则

老年人在生理、心理、社会功能逐渐退化,在日常生活照料、精神安慰和医疗健康等方面的服务需求迫切。因而,老年护理是一种更具社会意义和人道主义精神的工作,这对老年护理人员的职业道德修养提出了更高的要求。

1. *尊老敬老、爱心耐心* 敬老、爱老、养老是中华民族的传统美德。老年人一生辛苦、操劳,对社会和家庭均做出很大的贡献,应该受到社会的尊重和敬爱。护理人员对老年人应做到尊重、尊敬,热忱相助老年人,维护老年人尊严和权益,具备细心、耐心,树立为每一位老年人健康负责的思想。

2. *爱岗敬业、乐于奉献* 良好的职业素质是服务老年人的必需修养。目前我国社区、养老机构老人护理物质回报相对比较匮乏,因此,老年护理人员必须懂得爱老的责任,学会爱的奉献,才能做好老年护理工作。

3. *精益求精、优质服务* 精益求精是对护理人员专业素质的要求,是做好老年护理的保障。老年人具有生理、社会、物质、精神等多样性需求,如日常生活照顾、精神慰藉、心理支持、康复护理、临终关怀、紧急救助等方面的需求。因此,要求护理人员具有良好专科护理知识与操作技能,要刻苦钻研业务,不断提高自己的业务素质;不断提高敏锐的观察力、良好的沟通能力,给予老年人优质个体化照顾和良好的健康服务。

(二)老年护理的执业标准

我国老年护理人员通过学校教育、在职教育、继续教育和岗前培训等方式获取老年护理的知识和技能,通过国家执业护士和养老护理员国家职业资格考试获取资格。我国民政部制定了养老护理员国家职业标准,包括初级、中级、高级和技师的技能标准(中级护理员标准详见附录B中的附表1)。美国老年护理执业标准是根据护理程序制定的,强调提高老年人独立性及维持其最高健康状态(详见附录B中的附录1)。

重点提示

我国民政部规定"尊老敬老,以人为本;服务第一,爱岗敬业;遵章守法,自律奉献"为老年护理职业守则。

三、老年护理的现状及发展

1. 国外老年护理现状及发展 世界各国老年护理发展状况与国家人口老龄化程度、国家经济水平、社会制度、护理教育发展有所不同。北欧许多国家建立了从医疗、保健、福利、护理、教育等一系列福利措施,提供了"医院-社区护理机构-家庭护理机构"一条龙服务,建立了"疾病护理-预防保健-生活照顾"为一体的网络系统和完善的老年服务保障制度。在老年护理教育方面,1967年美国护理协会规定了从事老年护理执业者必须具备学士以上的学历,社区护士必须具备硕士以上的学历;自20世纪70年代以来,美国高等教育开始开设老年护理实践训练,培养具有熟练老年护理专业知识技能和研究生学历的高级执业护士,目前美国已形成了由学士、硕士、博士等组成的多层次老年护理人才梯队。新加坡也设立了老年护理教育与研究学院。

2. 我国老年护理的现状与发展 我国老年护理起步比较晚,但发展比较迅速。20世纪80年代以来,我国政府对老年工作十分重视,在政策指引、机构发展、人力配备、国内外交流、人才培养和科研等方面,卫生部、民政部、国家科委及各级政府都给予了关心和支持,成立了中国老龄问题委员会,建立了老年学和老年医学研究机构,促进了我国老年学的发展,老年护理也随之得到了发展。从1984年起,北京、湖南、上海、广州等相继成立了老年病医院。我国老年护理体系也从最初医院老年病人护理,发展到社区、养老院等老年护理服务机构。我国老年护理教育相对滞后于发达国家,老年护理专业人才严重短缺,1998年以后,大多数护理院校都开设了老年护理课程,但老年护理专科护士培养仍是空白,从事老年护理工作人员学历低、人数少,难以满足我国人口老龄化护理服务需求,这给老年护理教育提出了严峻挑战。因此,我们必须借鉴国外老年护理教育与老年人服务的先进经验,扩大护理教育规模,提高护理教育质量,建立多种形式的养老服务机构,以适应我国老年化社会发展需要。

第二节　老年人与人口老龄化

案例分析

某城市人口数据统计显示,总人口数200万,其中60岁以上老年人数25万,65岁以上老年人数18万,70岁以上老年人数10万,80岁以上老年人数5万。

请分析:以发达国家的标准来分析该城市是否属于老龄化地区?以发展中国家的标准来分析该城市是否属于老龄化地区?

一、老年与老年人年龄划分

1. 老年与衰老　生老病死是包括人类在内一切生物普遍存在的自然规律,都要经过生长、发育、成熟、衰老、死亡过程。老年是人正常生命历程最后阶段,是人类随着时间迁延衰老的必然结果。衰老(老化)是指人体自出生到成熟期后,随着年龄的增长,在形态和功能上所发生的进行性、衰退性的变化,是所有生物种类在生命延续过程中的一种生命现象。老化包括生理性老化与病理性老化,即生理性老化是成年以后随着年龄的增长机体逐渐退化的过程;病理性老化是指在生理老化的基础上,由于某些生物、心理、社会及环境等因素所致的异常老化,使机体患有某些疾病而加速了老化过程。

2. 老年人的年龄划分　世界卫生组织对老年人年龄的划分有两个标准:在发达国家将65岁以上人群定义为老年人,而在发展中国家(特别是亚太地区)将60岁以上人群称为老年人。1995年,世界卫生组织根据现代人生理、心理结构上的变化,将人的年龄界限又作了新的划分:44岁以下为青年人;45-59岁为中年人;60-74岁为年轻老年人;75-89岁为老老年人;90岁以上为非常老的老年人或长寿老年人。

二、人口老龄化与老龄化社会

1. 人口老龄化　简称人口老化,是指社会人口年龄结构中,老年人口在总人口中所占的比例不断上升的过程。标志着人出生率和死亡率下降,平均寿命的延长。

2. 老龄化社会　老年人口系数是评价一个国家(或地区)人口老龄化的重要指标。世界卫生组织对老龄化社会的划分有两个标准,即发达国家65岁以上人口占总人口比例7%以上;发展中国家60岁以上人口占总人口10%以上,该国家或地区就成为老龄化国家或地区,达到这个标准的社会即称为老龄化社会。社会老龄化程度划分标准见表1-1。

表1-1　社会老龄化程度划分标准

社会老龄化程度(老年人口系数)	发展中国家	发达国家
青年型	<8%	<4%
成年型	8%~10%	4%~7%
老年型	>10%	>7%

重点提示

老年人口系数又称老年人口比例，即老年人口占总人口的百分比，计算公式为：老年人口系数(%)=(≥60岁人口数÷总人口数)×100%；老龄化指数又称老少比，即老年人口数与少年儿童人口数之比，计算公式为：老龄化指数(%)=(≥60岁以上人口数/0-14岁人口数)×100%。这两个指标均可反映人口老龄化的程度。

三、人口老龄化发展的现状与趋势

1. 世界人口老龄化发展的现状与趋势 21世纪是人口老龄化的时代。人口老龄化是世界人口发展的普遍趋势，是所有国家的共同现象，是科学与经济不断发展进步的标志。人口老龄化的程度各地区存在差异，发达国家65岁以上高龄人口的比例较高，发展中国家老年人口增长速度快。目前世界人口68亿，而60岁以上老年人口已达6.88亿，约占总人口11%，预测到2050年世界人口超出90亿，60岁以上老年人口将达20亿，约占总人口22%，发达国家60岁以上的将占到33%。目前全世界190多个国家和地区中，大约有70多个已经进入老龄化国家行列，2025年全球所有国家或地区将进入老龄化社会。世界上最早出现人口老龄化的国家是法国，老龄化程度最高的国家是瑞典。人口老龄化发展特征：①世界人口老龄化的速度加快；②发展中国家的老年人口增长最快；③人类平均预期寿命不断延长；④高龄老年人(80岁以上老年人)增长速度快；⑤人口老龄化区域分布不均衡。

2. 我国人口老龄化发展的现状与趋势 我国是较早进入老龄化社会的发展中国家之一，据调查，2000年我国60岁及以上人口超过10%，65岁及以上人口比重也达到7%；2013年老年人口达2.02亿，占总人口的14.8%，标志着我国已经进入老龄化社会(表1-2)。我国是世界上老年人口最多的国家，我国的人口老龄化不仅是我国自身的问题，还关系到全球人口老龄化的进程，备受世界关注。随着我国人民生活水平的提高和医疗科技发展，我国老龄人口数量和比例将逐渐增大，并呈现出以下特点。

(1)老年人口规模巨大、老龄化发展迅速：据预测，到2020年，老年人口将达到2.48亿；到2023年老年人口数量将增加到2.7亿，与0~14岁少儿人口数量相等，其中80岁以上高龄老年人将达到2400万人；到2050年，老年人口总量将超过4亿，2051年达到最大值，之后一直稳定在3亿~4亿的规模。我国人口老龄化进程中的高峰阶段是2025~2050年。

(2)人口老龄化超前于经济发展：发达国家进入老龄化社会时人均GDP在5000~10 000美元或以上，有较雄厚的经济实力应对老龄化。我国进入老龄化社会时人均GDP刚过1000美元，应对人口老龄化的各种经济基础和物质准备远没有完成，属于“未富先老”“未备先老”的人口老龄化超前状态。

(3)老龄化城乡和地区分布不平衡：我国城乡老龄化人口分布倒置显著，农村的老龄化水平高于城镇24%，这种城乡倒置的状况将一直持续到2040年。发达国家城市人口老龄化水平一般高于农村。地区间老龄化速度不平衡，经济发达地区率先进入老龄化。

(4)女性老年人口数量多于男性：目前，我国老年人口中女性比男性多出464万人，这些多出的女性老年人口50%~70%是80岁及以上高龄人口。

(5)2030–2050年是我国人口老龄化最严峻时期:据《中国人口老龄化发展趋势预测研究报告》,2030–2050年是我国人口老龄化最严峻的时期(表1-2),迎来老年人口规模的高峰,我国人口总抚养比和老年人口抚养比将分别保持在60%~70%和40%~50%。

表1-2 中国人口老龄化发展趋势

年份	总人口(亿)	60岁以上		65岁以上		80岁以上	
		人口(亿)	占总人口比例(%)	人口(亿)	占总人口比例(%)	人口(亿)	占总人口比例(%)
2000年	12.70	1.31	10.34	0.91	7.13	0.14	10.44
2010年	13.76	1.73	12.54	1.15	8.38	0.21	12.32
2020年	14.72	2.45	16.61	1.74	11.83	0.30	12.07
2030年	15.24	3.55	23.30	2.44	15.98	0.43	12.07
2040年	15.43	4.09	26.52	3.24	20.98	0.64	15.64
2050年	15.21	4.38	28.76	3.32	21.81	1.00	22.91

重点提示

我国老龄化社会特点:"未富先老"和"二高三大"(高速、高龄;老年人数量大、老年抚养比大、地区差异大)。

四、我国人口老龄化的对策

1. 转变观念 认真对待人口老龄化问题既是现实民生问题,也是国家民族长远发展的重大战略问题,是人类社会文明进步的重要标志。因此,21世纪中国要把老龄化社会作为一个重要国情认真对待。

2. 加快老龄化社会保障体系建设 从物质、精神、制度和体制等方面做好应对人口老龄化的全方位准备。加快社会养老保障制度建设;加快基本养老服务体系建设;注重老年健康支持体系建设,包括老年卫生保健、疾病防治、医疗服务、老年护理。

3. 加强对老龄化社会的前瞻性和战略性研究 研究中国特色的各种养老模式、运行机制;研究政府、社区、个人支付服务费用比例控制;研究老年相关专业课程设置,如老年管理学、老年医学、老年护理学等;优先快速发展养老护理型机构;探索推进"老年友好城市""老年宜居社区"和"老年温馨家庭"试点,探索适合我国国情的、人性化的,满足老年人多层次、多样化的服务需求养老途径。

4. 加快完善应对老龄化社会建设的政策法规 建立与完善老年人权益及养老法规体系,维护老年人合法权益。建立健全老人福利法、老年保险法、老年保健法,以及老龄产业、老年设施、老年聘用规定等相关老年法规及政策条文,形成完善的法律法规体系,真正使老年事业走上法制化、规范化、科学化轨道。

5. 重视老年人才人力资源的开发利用 老年人群蕴藏着经验、技能和智慧,充分利用老年人才,对社会经济发展具有重要的作用。

6. 大力发展老龄产业　由于老年人生理、心理和行为特征不同于其他人群体,对物质需求和精神需求特殊。为满足老年人口日益增长的物质和精神文化的需要,国家需增加相应的投资,调整现有产业的结构,大力发展老龄产业。如增加老年人所需的产业、社会服务业等。保健服务需求增加,老年人口对医疗、保健、护理及生活服务的需求超过其他人群。养老模式将呈现家庭养老与社会养老并存的局面。

重点提示

老年护理服务的发展类型有:老年人医院或老年人病房、社区老年护理、老年人护理院、托老所、老年人之家、养老院、老年公寓、老年人保健中心。

第三节　老年人各系统生理功能的老化

案例分析

患者,男,78岁,8年前患有高血压、糖尿病,近几年有心慌、气短、视物模糊,跟他说话时需要大声才能听到。老人很苦恼,认为自己平时注意锻炼身体,为什么还会出现这些问题?

请分析:该老年人患有什么疾病?老年人出现上述症状最主要原因是什么?

一、感觉系统生理功能的老化

1. 眼视觉　随着机体老化,角膜变平,屈光力减退,引起远视及散光。晶状体调节功能和聚焦功能逐渐减退,视近物能力减弱,出现"老视";晶状体悬韧带张力降低,影响房水回流,导致眼压升高,引起青光眼;晶状体的透明度减弱,易发生白内障。晶状体对紫外线的吸收增加,对红、绿光的感觉减退。老年黄斑变性,眼底动脉硬化可导致视力减退。玻璃体萎缩,出现"闪光感";玻璃体随老化出现混浊,引起"飞蚊症",即感觉眼前有黑点在晃动。视网膜、结膜血管硬化,易发生出血。

2. 听觉　骨质逐渐变硬和增生,鼓膜和前庭窗上的膜变厚、弹性消失;内耳血管壁增厚、管腔变小,导致内耳缺血;听神经功能逐渐减退,声波传导障碍,导致听力逐渐下降,甚至出现老年性聋。听觉高级中枢对音信号的分析减慢,反应迟钝,定位功能减退,在噪声环境中听力障碍更为明显。

3. 味觉、嗅觉　随着年龄增长,味蕾逐渐萎缩,数量减少,味觉功能减退;嗅神经减少、萎缩变性,嗅觉功能逐渐减退。

4. 皮肤　老年人皮肤脂肪减少,弹性纤维变性、缩短,皮肤弹性降低,皮肤皱纹逐渐增多。腺体萎缩,使皮肤表面干燥、粗糙、无光泽甚至脱屑,出现老年斑及色素沉着。

5. 本体觉　包括触觉、压觉、震动觉、位置觉、痛觉和温觉。60岁以后人的触觉小体和表皮的连接松弛,使触觉敏感性下降。老年人脊髓感觉根有髓神经纤维减少,大脑皮质的躯体感觉皮质变薄,神经细胞缺失,外周和中枢感觉通路的突触呈衰老改变,对躯体部分的认知能力、立体判断能力下降,使位置觉的分辨力也下降。由于神经细胞缺失,神经传导速度减慢,使老年人对冷、热、痛觉、触觉等反应迟钝,行走中对路况不能作出精确判断,易造成摔伤。

二、呼吸系统生理功能的老化

1. 鼻、咽、喉　老年人鼻黏膜腺体分泌减少,鼻黏膜对吸入气体的加温、湿化作用减弱,呼吸道变得较干燥,防御功能下降,易患鼻窦炎及呼吸道感染。老年人咽、喉黏膜、肌肉和淋巴萎缩,易患呼吸道感染和吸入性肺炎。

2. 气管、肺　老年人气管和支气管黏膜上皮退行性变,易患老年性支气管炎。老年人肺萎缩,弹性下降,易导致肺不张,细支气管和肺泡塌陷,使肺通气不足,引起呼吸困难、老年性肺气肿。

三、消化系统生理功能的老化

1. 口腔　老年人口腔黏膜上皮萎缩、角化、增厚,对过冷、过热、过酸、过咸等刺激的抵抗力降低,易发生口腔黏膜慢性炎症和溃疡。涎腺萎缩、角化,唾液分泌减少,引起口干和说话不畅。老年人牙齿釉质磨损,牙龈、牙槽骨萎缩,牙齿部分或全部缺失。

2. 食管、胃肠　老年人食管黏膜逐渐萎缩,可发生不同程度的咽下困难。食管下段括约肌张力降低,胃十二指肠内容物自发性反流,反流性食管炎、食管癌发病率增高。老年人胃黏膜萎缩,黏液分泌减少,使“黏液屏障”作用减弱,易诱发消化性溃疡、慢性胃炎;胃肠动力减低,易发生消化不良、便秘等。

3. 肝、胆、胰　老年人肝细胞萎缩,肝缩小,易发生肝纤维化、肝硬化。胆囊不易排空,胆固醇增多,易引起胆汁淤积、胆结石。胰腺分泌胰岛素减少,导致葡萄糖耐量下降,易患老年性糖尿病。

四、泌尿系统生理功能的老化

1. 肾　老年人肾小球变性、硬化,肾小管细胞脂肪变性,肾血流量下降,引起肾功能减退,调节水、电解质及酸碱平衡能力下降,易导致水钠潴留、酸碱失衡和急性肾衰竭。

2. 输尿管　输尿管平滑肌层变薄,支配肌肉活动神经细胞减少,使输尿管收缩力减弱,尿液进入膀胱的速度减慢,易引起肾盂肾炎。

3. 膀胱　膀胱肌肉萎缩,纤维组织增生,使膀胱肌肉收缩无力,膀胱缩小,膀胱容量减少,引起排尿无力或排尿不畅;膀胱残余尿量增多,产生尿失禁、尿频、夜尿量增多等。

4. 尿道　尿道肌肉萎缩、纤维化变硬、括约肌松弛,出现尿液流出速度减慢或排尿无力,引起尿失禁,甚至排尿困难。

五、循环系统生理功能的老化

1. 心脏　心肌细胞纤维化,心肌收缩力减弱,心排血量减少,心脏增大,心肌的兴奋性、自律性、传导性均降低,心脏功能衰竭。

2. 血管　老年人动脉血管壁平滑肌减少、胶原纤维增多、弹性纤维减少、钙盐沉积,使血管增厚、变硬、弹性减弱、管腔缩小，外周阻力增加，引起高血压(收缩压增高为主)、冠状动脉粥样硬化性心脏病、脑血管意外等疾病。静脉血管壁胶原纤维增生、弹性下降，内膜增厚，内径缩小，血流缓慢，静脉瓣萎缩，易发生静脉曲张。

六、内分泌系统生理功能的老化

1. 下丘脑、垂体　老年人下丘脑、垂体老化表现为细胞形态改变，重量减轻，血供减少。

2. 前列腺　男性40岁后前列腺开始衰老，60岁后易发生前列腺良性增生，易发生尿道阻塞，引起排尿困难。前列腺素具有防止凝血和扩张血管的作用，老年人前列腺素分泌减少，是发生动脉硬化的原因之一。

3. 性腺　男性50岁以后，睾丸间质细胞会逐渐衰老、功能降低，导致性功能逐渐减退；女性40~45岁以后，卵巢细胞逐渐衰老，表现为性功能和生殖功能减退，月经停止，出现绝经期综合征。女性阴道分泌物减少，乳酸菌减少，易发生老年性阴道炎。

4. 甲状腺　老年人甲状腺纤维化萎缩，甲状腺激素分泌减少，使基础代谢率下降，产热减少，身体易怕冷。

5. 肾上腺　老年人肾上腺老化表现为纤维化、腺体增生、细胞减少，分泌糖皮质激素减少，保持内环境稳定的能力与应激能力减弱。肾上腺髓质分泌肾上腺素和去甲肾上腺素等均增加，高血压发生率增高。

6. 胰腺　老年人胰腺细胞萎缩，表现为胰岛B细胞量减少，A细胞相对增多，胰高血糖素分泌增加，胰岛素分泌减少，易引起糖尿病。

七、神经系统生理功能的老化

1. 结构改变　脑组织萎缩、脑细胞减少、脑室扩大，周围神经细胞数减少、神经元变性，运动和感觉神经纤维传导速度减慢。老年人血-脑脊液屏障功能减弱，易引起神经系统感染性疾病。老年人易发生脑血管动脉粥样硬化，引起脑血流量减少、脑血栓形成、脑梗死或脑出血。

2. 功能改变　老年人脑与周围神经老化会引起各种人体生理功能减退，如运动功能减退表现为运动精细动作变慢、步态不稳；感觉功能减退表现为关节位置觉下降、内脏感觉减退、疼痛阈值升高；反射功能减退表现为腹壁反射迟钝或消失，膝反射、踝反射、肱二头肌反射减弱或消失；知觉功能改变表现为记忆力减退、思维判断能力降低、反应迟钝，引起老年性痴呆症等。锥体束受损表现为巴宾斯基征阳性。

八、运动系统生理功能的老化

1. 骨骼　老年人骨骼中有机物、矿物质逐渐减少，骨质逐渐萎缩，使骨骼韧性降低，脆性增加；骨代谢发生退行性变，骨生成和骨吸收间失去平衡，因此，易引起骨质疏松、骨折。

2. 关节　老年人关节软骨、关节囊、椎间盘及韧带均发生老化和退行性变，关节软骨周围骨质增生形成骨刺，导致行走时关节疼痛、关节活动受限。椎间盘老化引起“骨质增生”。

3. 肌肉　肌肉老化表现为骨骼肌细胞水分减少、肌纤维萎缩、弹性降低、肌力减退，肌肉总量减少，老年人易疲劳、腰酸腿痛。

讨论与思考

21 世纪是人口老龄化的时代,我国已于 1999 年进入老龄化社会。据调查,2013 年我国老年人口达 2.02 亿,占总人口的 14.8%,慢性病老年人口、空巢老年人口规模继续上升,均突破 1 亿。据预测,到 2020 年,老年人口将达到 2.48 亿,占总人口的 17.17%。

问题:

(1)面对如此迅猛的老龄化发展趋势,作为一名护理人员,应该怎样提高自己职业素质来面对挑战?

(2)作为一名护理人员,你知道老年护理工作目标吗?

(3)你是否知道什么是人口老龄化和老龄化社会划分标准?

(4)你是否了解我国人口老龄化的特征?

(5)你知道我国老年护理服务发展有哪些主要对策吗?

(生加云)

第 2 章

老年人的健康管理

学习要点

1. 老年人健康管理的概念、程序及意义
2. 老年人自我健康管理和家庭健康管理的内容
3. 老年人健康体检和健康评估的内容
4. 养老院的健康管理

人口老龄化是21世纪全球面临的最严峻的问题之一。我国是世界上老龄化速度最快的国家,到2013年,我国老年人口已突破2亿,老龄化的核心问题是老年健康。老龄人口增多、慢性病发病率上升、医疗费用剧增以及健康保障模式的改变,催生了健康管理在中国的迫切需求。老年健康管理的目的是调动老年人个体和群体及整个社会的积极性,有效地利用有限的资源来达到最大的健康效果,提高老年人的生存质量。

第一节　老年人健康管理概述

案例分析

患者,男,68岁,退休工人,初中文化。患有高血压、冠心病,有糖尿病家族史。平日对自己的健康状况不够重视,近三年未做健康体检。吸烟,每日15支左右,酗酒,喜油腻饮食。

请分析:对老年人进行健康管理应从几方面入手?老年人健康管理的意义有哪些?

一、老年人健康管理的概念

老年人健康管理是指通过对老年个体和群体的健康状况进行全面检测、分析和评估,进而提供老年健康咨询与指导、制定老年健康危险因素干预计划和进行老年慢性病防控、疾病诊治、康复护理、长期照顾与临终关怀的全过程。由于人口老龄化,慢性病增加正成为一种全球趋势。目前,慢性病占全球疾病负担的60%,到2020年发展中国家80%的疾病负担将来自慢性病问题。然而,目前的卫生服务体系是一种应急性保健模式,这样的服务模式不仅会导致卫生费用的不断增加,而且更广泛人群的健康状况并未得到普遍的改善。因此,世界卫生组织提出要建立以预防为主的慢性病管理创新模式,形成由患者、卫生保健机构、社区和政府一起参与的慢性病长效管理机制。

健康管理源自美国“健康管理”模式,虽然美国有记录的健康管理研究只有20多年历史,但是健康管理的思路和实践却可以追溯到70多年前。为了更好地管理卫生资源,完善医疗服务质量,保证每个家庭享有高质量、可承受的医疗服务,美国保险公司1929年通过对教师和工人提供基本的医疗服务进行了健康管理的实践探索。医生采用健康评价的手段来指导病人自我保健,有效地降低了慢性病的发病率,而且大大降低了医疗费用,同时也为保险公司控制了风险。进入20世纪90年代,英国、德国、芬兰、日本等国家逐步建立了不同形式的健康管理组织。我国健康管理思想早已有之,2000多年前的传统中医经典有“上医治未病,中医治欲病,下医治已病”,其思想与现代健康管理理念相吻合。我国现代意义上的健康管理是最近10年开始兴起,2001年国内第一家健康管理公司注册,2005年我国政府公布了“健康管理师”新职业。同年,中国医师协会成立医师健康管理和医师健康保险专业委员会。2006年,中华预防医学会成立健康风险评估和控制专业委员会。2007年,中华医学会成立健康管理学分会。2011年6月国家健康管理人才培养专项基金管理委员会在北京成立,健康管理作为一个新专业、新产业在我国正逐步走向规范和成熟。健康管理的对象范围从个人向家庭、社区、养老院、企业扩展,同时出现了远程监控、电子档案,计算机风险评估模块,网络数字化信息平台等健康管理方法和辅助工具。

老年人健康管理是在健康管理的概念下衍生出来的,是一个较新的概念。老年人群具有易患病、慢性病比例高、不易治愈等特点,是健康管理的重点人群。老年人健康管理按生活环境不同可分为自我(个人)管理、家庭管理、医院管理、社区管理和养老院管理。其中医院管理主要针对急危重症和长期康复护理的老年病人,主要实施疾病诊治、急危重症救治及康复护理等(详见内、外科护理学等教材)。本章重点介绍老年人健康管理中自我管理、家庭管理、社区管理和养老院管理。

重点提示

老年人健康管理是在健康管理概念下衍生出来的,老年人是健康管理的重点人群。

二、老年人健康管理的程序

老年人健康管理工作流程如下。

1. *收集信息* 包括个人一般情况(性别、年龄等)、目前健康状况和疾病史、家族史、生活方式(饮食习惯、活动锻炼、吸烟饮酒等)、体格检查(身高、体重、血压等)和辅助检查(血脂、血糖等)。

2. *进行健康及疾病风险性评估* 即根据所收集的健康信息,对老年人的健康状况及未来患病或死亡的危险性用数学模型进行量化评估。其主要目的是帮助老年人群综合认识健康风险,制订个性化的健康干预措施并对其效果进行评估。

3. 进行健康干预　在收集信息和风险评估的基础上,以多种形式来帮助老年人采取行动、纠正不良的生活方式和习惯,控制健康危险因素,实现老年人健康管理计划的目标。与一般健康教育和健康促进不同的是,健康管理过程中的健康干预是个性化的,即根据个体的健康危险因素,由健康管理师进行个体指导,设定个体目标,并动态追踪效果。如健康体重管理、糖尿病管理等,通过个人健康管理日记、参加专项健康维护课程及跟踪随访措施来达到健康改善效果,最终实现健康管理目标。

重点提示

实施老年人健康管理的程序是实现老年人健康管理目标的重要步骤。

三、老年人健康管理的意义和目标

我国老年人慢性病患病率上升,据 2010 年中国卫生统计年鉴,65 岁以上老年人慢性病患病率由 2003 年的 517.9‰上升到 2008 年的 645.5‰。多项调查研究表明:人口老龄化、疾病结构变化与医疗需求、医疗费用增加密切相关。据统计,过去 10 年,我国门诊和住院费由 1363 亿元增加到 5838 亿元,其中 30%归因于老年医疗费用的增长。老年人经济收入有限,虽能基本解决温饱,但支付慢性病的医疗费用确有困难。而实施健康管理策略,对疾病发生的危险因素实行有效地控制与管理,从以病人为中心转向以健康或亚健康人群为中心,把卫生防病工作的重点放在社区、农村和家庭,对预防慢性病的发生、维护和促进老年人身心健康、提高老年人生活质量、节约医疗费用都有重要的现实意义。世界卫生组织发布的健康公式:健康=15%遗传+10%社会因素+8%医疗+7%气候因素+60%生活方式,由此看出影响健康的主要因素是生活方式,而生活方式不当引起的疾病以慢性病居多,这些慢性病多是可以通过全面健康管理有效预防的。

老年人健康管理的服务对象是所有老年人。其目标是调动老年人的自觉性和主动性,有效地利用现有的有限资源,通过改善环境、养成良好的生活方式等手段,来预防控制疾病的发生,延缓疾病发展以维护和促进老年人的健康,提高生命质量、降低疾病负担。

第二节　老年人自我及家庭的健康管理

案例分析

患者,男,65 岁,子女在外地工作,老伴去世后,对自己的生活和健康状况缺乏管理,饮食不规律。平日常感到心前区不适,胸闷,上楼时气短,血压 150/90mmHg,自行购买降压药物间断服用。

请分析:应该怎样指导该老年人进行自我健康管理?

一、老年人的自我健康管理

世界卫生组织提出一个新概念:健康老龄化,中华医学会老年医学分会根据我国老年人的具体情况,制定了《中国健康老年人标准2013》,老年人要积极主动地实现健康老龄化。健康不能只靠医生,健康取决于自己,要想健康长寿,就要进行自我健康管理。

(一)树立自我健康管理的责任和信心

健康是人生存及发展的基础,也是家庭幸福、社会和谐与发展的基础。没有健康,个人要经受病痛的折磨,还会给家庭、社会带来负担。世界卫生组织在21世纪的健康箴言中就提醒人们:最好的医生是自己,老年人要主动承担起个人对于自身健康的责任,尽可能地延长没有病痛、健康幸福的生命时光。即使在有伤残或慢性疾病的情况下,也能达到更高的生活质量,充分地享受人生,在健康老龄化基础上迈向积极老龄化。

(二)学习健康保健知识、达到自我监护

老年人可通过多种途径学习一些健康保健知识,利用自己所掌握的一些知识和科学的养生保健方法,并在护理人员的帮助下实施有效的自我监护,可以及时发现疾病,有利于疾病早期诊治,减少患病痛苦,降低死亡率,节约医疗费用和医疗资源。自我监护的内容有以下几个方面。

1. 生命体征监测和日常生活监测　对于居家养老的老年人,医务人员应指导其购置简单的生命体征测量工具,并指导老年人及家属学会生命体征的测量方法,认识正常值范围。家庭不能购置测量工具的,可定期到社区卫生服务站进行血压监测、心脏听诊检查等。老年人每天写生活日记,对饮食营养、排泄、休息活动、睡眠、心情变化等进行记录,可以为医生了解和分析老年人详细生活起居细节提供资料。

2. 认识疾病症状与先兆

(1)食欲改变:胃部及消化系统其他器官(肝、肠)的肿瘤通常有食欲下降的症状。吞咽困难并且越来越重,可能是食管肿瘤的征兆。

(2)胸闷、气喘:如果在安静的状态下总感到胸闷或在剧烈活动后心悸加重甚至有脉搏异常,应及时到医院进行心脏方面检查。

(3)排便异常:大肠及直肠肿瘤,在早期常有排便形态、量、频率和粪便形状的异常。

(4)出血:痰、粪便、尿、鼻涕中带有血丝、血点或血块时,都应引起警惕。

(5)头晕、头痛:经常发生头晕、头痛的情况可能是高血压或脑动脉硬化的迹象。

(6)四肢发麻:四肢发麻、蚁走感等与神经或血管病变有关。

(7)排尿异常:尿频、尿急、尿痛、排尿不尽感可能是男性的前列腺肥大或前列腺肿瘤在压迫尿道;或是女性泌尿系感染或异常刺激,需及时检查。

(8)咳嗽:平时无任何呼吸系统疾病也没感冒的老年人,如果忽然经常咳嗽,就必须去做胸部检查。

(9)消瘦:没有明显原因而进行性的消瘦,要怀疑消耗性的疾病,如肿瘤或糖尿病。

3. 用药监护　有慢性病的老年人,多数要长期服用某些药物。如能将用药的时间、药名、剂量、效果等记录下来,可以帮助医生监测长期服药后病人体内所产生的耐药性或抗药性情况,以及时调整治疗方案。

4. 运动监护　详见第4章第四节内容。

5. 慢性病监护　老年人易发疾病中有的具有遗传性或属于遗传性疾病，如果父母一方或双方都患有这种病时就应特别重视，如糖尿病患者有阳性家族史者占 20% 以上。父母都是糖尿病患者的子女，至少有 25% 的机会发生糖尿病，而且由于遗传作用，其发生期也惊人地相似。故凡父母中有糖尿病、高血压、卒中、癌症等疾病者，要特别重视定期体检。如糖尿病患者对血糖的监测；卒中患者对血液流变学的定期监测；高血压患者对血压的自我监测；慢性支气管炎等呼吸系统疾病患者对缺氧状态和症状改变的监测；消化性溃疡患者对消化道出血的监测等都是必要的。

重点提示

老年人自我监护的内容应该是很广泛的，但结合对老年人已经进行评估的结果，也应有重点监护的方面。

（三）主动制订并实施健康计划

老年人应根据个人体质、生活习惯和能力制定健康目标，设计健康维护和康复计划，如饮食和运动计划，保持和促进健康的行为习惯，创建和谐家庭和社会人际关系，保持心情愉快等方面的计划。鼓励老年人在实施过程中不断总结、评估自己的计划，也可根据实际情况适当调整，但一定要坚持不懈。

（四）有病及时就医

患慢性病的老年人可以按照医嘱在家庭和社区进行自我用药或常规治疗以及康复训练。在做好定期复查的基础上，如有病情加重或新患病症状，应及时到医院就医，以期疾病得到早期诊断和治疗。千万不可讳疾忌医、心存侥幸或因考虑费用而延误疾病的诊治。在特殊危重的情况下，老年人及家属应具备一定的急救知识，才能最大限度地提高治疗效果，挽救患者的生命。

（五）为健康投资

健康投资是指老年人为了获得良好的健康而消费的食品、衣物、健身时间、医疗服务和生存环境等。据报道，“我国一个人一生在健康方面的投入中有 60% ~ 80% 是花在临死前一个月的治疗上”。这一反常现象提示，人们普遍对健康存在一个认识误区，就是在身体出现问题前，不重视健康投资。

近年来，“健商”的概念逐渐被人们接受和重视。健商是由世界人类健康专家、哈佛大学博士谢华真教授提出的，它同智商（IQ）、情商（EQ）一样，是健康的商数（简称 HQ）。健商是指人们已具有的健康意识、健康知识、健康能力与该时代应具有的健康意识、健康知识和健康能力的比值。健商认为：一个人的情感、心理状态以及生存环境和生活方式，都可以对他的健康产生直接影响。健商测试包含躯体、心理、精神、社会、环境 5 个方面。提高健商的途径是个体在获得健康知识的基础上，转变对健康的看法，作出关于自我健康的决定。健商较高的个体可以通过简便易行的个人评估法，了解自己的健康状况，作出明智的健康决策，制定一个适合自己的改善生活和健康的行动计划，描绘自己的健康蓝图，从而维护个体健康，提高生命质量。医务人员应从健康教育的角度，努力提高老年人个体健商，促进老年人自我健康管理。

二、老年人的家庭健康管理

随着我国社会经济的发展，传统家庭结构的变化难以承担家庭养老的重任，养老机构不能完全满足老年人养老与照顾的需求，居家养老是老年人及家属最愿意接受的养老方式，因此，针对老年人的家庭健康管理非常重要，有以下几个方面。

(一)收集信息

收集家庭及其成员的基本材料，分析家庭结构和功能，评估居家环境。

(二)家庭健康风险评估

通过对评估资料的分析，确定对居家老年人健康有影响的生理、心理、家庭、社会、环境等方面的因素。

(三)老年人家庭护理健康干预

以家庭护理诊断和预测为依据，结合家庭实际情况，充分发挥家庭资源优势，制订切实可行的健康维护计划。医务人员在计划实施过程中提供专业指导，必要时给予帮助，具体工作有以下几个方面。

1. *调整居家环境* 老年人居家环境要求地面清洁、平整、防滑、无障碍物。生活必需品统一归纳放置。室内光线应明亮、空气新鲜、通风良好，每日定时通风 2~3 次，每次 20~30min。温度夏季保持在 26~28℃，冬季 20~22℃，相对湿度保持在 50%~60%。在过道、楼梯及浴室内设置扶手，必要时加装防滑脚垫。浴厕水龙头冷热合一，将水温调至中温防止烫伤或受凉。浴缸和马桶座旁需设置扶手。禁让老年人操作烤箱、微波炉，煤气炉、按压式热水瓶须有安全开关设置。冰箱内食物定期检查有无过期，过期食物应立即丢弃。另外，老年人单独居住的家庭环境，面积不要过大。老年人使用的家具要多考虑实用性，如有明格的橱柜最好，老年人可将物品分类摆放且一目了然。座椅必须稳固，沙发避免材质过软、坐垫勿过低，椅子两侧有扶手。卧室床铺高度以老年人坐于床沿时，双脚可以直接踏于地板的高度为宜。床边不可有锐利物品，床旁须有稳固的柜子或扶手以利老年人上下床。根据情况提供日常生活自理辅助行工具，如助行器、淋浴椅等提高老年人日常生活自理能力。

2. *完成老年病居家治疗* 医务人员应指导家庭照顾者了解老年人的病情，熟悉治疗方法，做到安全给药并了解用药监护的知识。照顾者能认识治疗器械和药物的使用目的、使用方法和注意事项；在医学和法律允许范围内，经专业培训，最终能对被照顾老年人规范地进行口服给药、注射、换药、给氧、鼻饲等家庭治疗工作。

3. *提供多种形式的日常生活照护* 家庭照护的内容包括活动的照护、休息与睡眠的照护、进食及口腔的照护、排泄的照护、皮肤清洁卫生的照护、穿脱衣的照护等。指导老年人在离、退休后科学地、合理地安排生活，养成新的生活习惯，对自己实行科学管理，尽快适应居家养老的生活，保证晚年的心理和生理健康。老年人常见意外如跌倒、烫伤、坠床、误咽等的预防也是家庭护理的重要内容。

4. *保健与康复* 医务人员对居家老年人及照顾者除宣教自我保健知识外，还应针对老年人因疾病和损伤造成的功能障碍，制订康复计划并协助进行功能训练。如饮食、清洁、穿脱衣服、步行等的日常生活能力训练，对下肢麻痹患者进行床上坐起和移动训练、拐杖使用训练、对丧失行走能力者进行的床—轮椅—马桶训练。对永久性功能性缺陷或残疾老年人的家庭环境进行必要的改变，如改变房间布局，拓宽通道和出入口以方便轮椅通过。

5. 心理护理　老年人由于外界环境的改变和生理上的老化，在思想、情绪、人际关系及生活习惯等方面不能迅速适应这些改变，从某种意义上讲，老年人的心理护理比身体护理更为重要。心理护理的内容包括评估老年人角色适应中的心理问题，并进行针对性心理护理。对因疾病、衰老引起忧伤、焦虑的老年人，积极介绍疾病治疗新进展。对因病退休丧失自尊产生老而无用感的老年人，引导他们发挥自己在家庭、社会中的作用等。

6. 对家庭照顾者评估及指导　家庭照顾者指在家庭中对老年人进行护理照顾的子女、亲属、保姆等，不包括专业护士在内。照顾者在长期照顾老年人的过程中会感受到体力疲乏、情绪抑郁、睡眠不好、身心疲惫，自身健康状况会下降，还要面对社会和经济等方面的巨大压力。因此，为了提高家庭照护质量，减少和避免照顾不当的发生，照顾者应正确进行自我调适，维持良好的心态。

医务人员应注意评估照顾者的压力，及时发现和纠正照顾不当（如疏忽和虐待）的发生，对照顾者从以下几方面给予更多的指导和帮助：①研究减少老年人依赖的措施，以减轻照顾者工作量。如创造被照顾者能够进行自护的环境、帮助被照顾者进行康复训练、防止诱导依赖产生等。②协调照顾者与家庭其他成员间的关系与分工。③必要时寻求社会支持机构的帮助，如社会服务机构、日间托老所、老年人福利院等，使照顾者获得一定时间、一定程度的放松和休息。④及时发现照顾者身心应激症状，并给予生理心理治疗。

重点提示

老年护理的研究对象是老年人及其主要照顾者。照顾者老龄化问题引起社会广泛关注。医务人员有责任帮助照顾者减轻照顾压力。

第三节　老年人的社区健康管理

案例分析

患者，男，72 岁。最近常忘记刚说过的话、做过的事和存放的东西。有时外出后找不到回家的路。对外界事物不关心，对各种社会活动不感兴趣。性格也发生了改变，以自我为中心、固执、多疑，甚至与小孙子争抢东西。

请分析：怎样评估社区老年人的躯体健康状况？怎样评估老年人的功能状态？

我国北京、上海的抽样调查资料显示：90% 的老年人选择居家养老照顾模式，这也是我国未来养老方式的主流。与传统的家庭养老不同，居家养老照顾这种新型的社会化养老模式强调社区照顾的重要作用，由专业人员或家人及社区志愿者提供服务和照顾。因此，老年人的社区健康管理工作尤为重要。

一、社区老年人的健康评估

老年人健康评估是一个有计划地、系统地收集老年人的健康资料，并对资料进行判断的过程。通过健康评估最终形成一个对当前健康状态、健康发展趋势及未来可能出现的结果等诸多方面的判断，是健康管理中的关键环节。社区应为所辖老年人建立健康评估档案，内容包括以下几个方面。

（一）躯体健康的评估

1. *健康史* 主要内容包括被评估者的健康状况、影响健康的相关因素及被评估者对自己健康状况的认知与反应，通过交谈询问并评估老年人的现病史、既往史、手术和外伤史、食物及药物过敏史、家族遗传史等。

2. *身体状况评估*

（1）一般状况

1）营养状态：评估老年人饮食状况，有无饮食限制及每日活动量，测量身高、体重。老年人的身高一般从50岁起逐渐缩短，男性平均缩短2.9cm，女性平均缩短4.9cm。由于肌肉和皮下脂肪组织减少，80~90岁的老年人体重明显减轻。

2）生命体征：老年人生命体征有以下特点。老年人基础体温比青年人低。70岁以上的患者虽有感染但可无发热表现，如果午后体温比清晨高1℃以上，应视为发热。老年人脉率接近正常成年人，脉搏可呈不规则，因此，测脉搏的时间不应少于30s。老年人呼吸次数比正常成年人稍增多，呼吸频率为16~25次/分。如老年人呼吸>25次/分，虽无其他临床症状和体征，也可能是下呼吸道感染、充血性心力衰竭等。老年人血压偏高，收缩压一般在140~160mmHg。高血压和直立性低血压在老年人群中较为常见。

3）智力、意识状态：评估老年人的记忆力、定向力对老年人早期痴呆的诊断有帮助。老年人的意识状态可以反映其对周围环境的认知及对自身所处状况的识别能力，有助于判断有无颅内病变及代谢性疾病。

4）体位、步态：疾病可导致体位、步态的改变，如心、肺功能不全的老年人会出现强迫坐位，慌张步态见于帕金森病，醉酒步态可见于小脑病变等。

（2）皮肤：评估老年人的皮肤颜色、温度、湿度，皮肤的完整状况，有无癌前病变、癌病变。对于久病卧床不起的老年人应全面检查易于发生损伤的部位，重点观察有无压疮的发生。老年人皮肤粗而且干燥、皱纹增加、弹性降低、没有光泽。老年人常见的皮损有老年色素斑（老年斑）、老年性白斑、老年疣等。老年疣常见于面部、手背、前臂、小腿、足背等处，呈边缘清楚、圆形或椭圆形、稍隆起似扁豆至蚕豆大小的淡褐色或黑色疣状物。

（3）头面部

1）头发：头发变成灰白，头发稀疏甚至秃发。

2）眼睛及视力：老年人角膜敏感度降低，使角膜反射迟钝；瞳孔直径缩小，反应相对迟钝；眼睑下垂；泪腺分泌减少，容易出现眼干；睫状肌肌力减弱，瞳孔缩小，眼的调节能力逐渐下降，迅速调节远、近视力的功能下降，眼部老化使老年人视力减退，出现“老花眼”；角膜周围有类脂性浸润，随着年龄的增长角膜上会出现白灰色云翳；且老年人因瞳孔缩小、视网膜的再生能力减退，导致老年人区分色彩、暗适应的能力有不同程度的衰退和障碍。

3）耳：对老年人进行外耳检查可发现耳郭增大，耳垢干燥，皮肤干燥，失去弹性。由于外耳道萎缩，老年人的听力会随着年龄的增长逐渐减退，出现老年性聋，对高音量或噪声易产生焦虑、耳鸣，甚至听力丧失，特别是在安静的环境下会更加明显。

4）鼻腔：鼻腔黏膜逐渐萎缩变薄、干燥，嗅觉减退。

5）口腔：由于毛细血管血流减少，老年人口唇周围失去红色。涎腺萎缩，口腔黏膜干燥。味蕾的退化和唾液的减少使味觉减低；牙齿颜色逐渐变黄、变黑及不透明，常有牙齿缺失，多有义齿。因此，在评估口腔时，应注意检查口腔局部有无齿龈肿胀出血、牙齿松动或牙齿断裂、经久不愈的黏膜白斑等。

（4）颈部：老年人的颈部结构与成年人相似，无明显的改变。在对老年人进行颈部检查时应注意有无颈部强直。颈部强直可见于脑膜刺激征、痴呆、脑血管病、颈部肌肉损伤、颈椎病和帕金森患者等。

（5）胸部

1）观察胸廓有无异常：老年人胸廓常呈桶状胸改变，尤其是患有慢性支气管炎、肺气肿的患者尤为严重。随着年龄的增长，女性乳房会逐渐变长和平坦，乳腺组织减少，应注意检查有无乳头溢液和包块，如发现肿块应高度重视，疑为癌变。如果男性有乳房发育，可能是由于体内激素的改变所致或是药物不良反应。

2）肺部：视诊、叩诊及听诊过程同成年人。评估肺部有无呼吸音改变及啰音。老年人肺活量降低，残气量增多且胸腔前后径增大、胸廓横径缩小，导致胸腔扩张受限，运动耐力下降，呼吸音减弱，易发生肺部感染等。由于老年人生理性无效腔增多，肺部叩诊常为过清音。

3）心脏：检查心尖搏动的位置，心界是否增大，心音、心率、心律有无改变，有无心脏杂音等。老年人生理性改变，如驼背或脊柱侧弯可引起心脏下移，导致心尖搏动出现在锁骨中线旁，加之胸廓坚硬，导致心尖搏动幅度减小。由于心排血量减少、主动脉瓣硬化，老年人很容易发生缺血性心脏病、心律失常，严重时会出现心力衰竭等严重后果。

（6）腹部：检查时应注意腹部外形、有无压痛，有无肿块，听诊肠鸣音有无亢进或减弱。肥胖常会掩盖一些腹部体征，而消瘦者由于腹壁变薄松弛，发生腹膜炎时也不容易产生腹壁紧张，但肠梗阻时则很快会出现腹部膨胀。由于肺扩张，膈肌下降，故可触及肝。老年人常出现胃肠功能减退，随着年龄的增长，膀胱容量减少，因此，很难触到膨胀的膀胱。

（7）脊柱四肢：观察有无脊柱后凸，关节有无触痛、畸形、活动受限，肌肉有无萎缩、运动障碍等。老年人由于肌张力下降，腰脊变平，导致头部和颈部脊柱前倾。椎间盘进行性改变导致脊柱后凸。加之关节炎及累积的损伤，导致部分关节活动范围受限。

（8）泌尿生殖器：老年女性由于雌激素降低，使外阴发生一系列变化。阴毛稀疏，呈灰色；阴蒂变小，阴唇皱褶增多；阴道变窄、褶皱不明显，阴道壁干燥苍白；子宫颈变短，子宫和卵巢都逐渐萎缩缩小。

男性外阴的改变也与体内激素水平的下降有关，可表现为阴毛稀疏灰白，阴茎、睾丸变小；阴囊无皱褶。老年男性泌尿生殖器最主要的改变是前列腺增生，增生的组织可引起排尿阻力增大而导致下尿道梗阻，出现排尿困难等现象。

（9）神经系统：老年人随着年龄的增长，神经传导速度减慢，对刺激反应的时间延长，因此，老年人精神活动能力也会逐渐下降，如反应变慢、动作缓慢不协调、注意力不集中、记忆力减退、易疲劳、生理性睡眠缩短等。

3. 功能状态的评估　功能状态主要是指老年人处理日常生活的能力，其完好与否影响着老年人的生活质量。定期对老年人的功能状态进行客观评估，对维护和促进老年人独立生活能力，提高生活质量，具有重要的指导作用。评估内容包括以下三方面。

(1)日常生活能力(activities of daily life, ADL)：是指老年人最基本的自理能力，从事每天必需的日常生活的能力。如吃饭、穿衣、洗漱、上下床活动、如厕、控制大小便等日常生活能力。丧失这一方面的功能则失去生活自理的能力，常需要护理人员帮助。

(2)功能性日常活动(instrumental activities of daily life, IADL)：是指个体单独生活需要的一些基本能力或要素，如购物、整理家务、服药、处理金钱、使用电话和交通工具等。丧失这方面功能则不能进行正常的社会生活，只能在家庭狭小范围内活动。

(3)高级日常生活能力(advanced activities of daily living, AADL)：反映老年人的智能能动性和社会角色功能，包括主动参加社交、娱乐活动、职业活动等。一般情况下，高级日常生活能力的缺失，要比日常生活能力和功能性日常生活能力的缺失出现得早，一旦出现，就预示着更严重的功能下降。因此，一旦发现老年人有高级日常生活能力的下降，就需要进一步的功能性评估，包括日常生活能力和功能性日常生活能力的评估。

对老年人进行功能状态评估，有多种标准化的评估量表可供医务工作者使用。使用较为广泛的工具有 Katz 日常生活功能指数评价量表(见附录 A 中的附表 2)和 Lawton 功能性日常生活能力量表(见附录 A 中的附表 3)。

(二)心理健康的评估

通过观察与交谈了解老年人的心理表现，结合评估量表及问卷，评估常见的心理问题，如失落感、孤独感、隔绝感、对衰老和疾病的忧虑和恐惧感，常见的心理疾病，如焦虑症、老年抑郁症等。具体详见第 3 章老年人的心理健康与护理。

(三)社会健康评估

全面认识和衡量老年人的健康水平，除生理、心理功能外，还应评估其社会状况。WHO 所指的社会功能良好，是指一个人的外显行为和内在行为都能适应复杂的社会环境变化，能为他人所理解，为社会所接受，行为符合社会身份，与他人保持正常协调的人际关系。老年人社会功能评估可以从社会角色、家庭支持、社会环境、文化背景等 4 个方面来进行。

1. *社会角色评估*　老年人退休后从社会主宰者退居为依赖者；由社会财富的创造者退居为消费者。价值感的丧失，使老年人容易出现焦虑、抑郁等情绪。对老年人社会角色进行评估的目的是发现老年人有无角色适应不良和冲突。评估内容包括文化背景、过去职业、退休日期、现在有无工作、对现有角色是否满意、角色改变对其生活方式和人际关系的影响等。

2. *家庭支持评估*　由于离开工作岗位、身体功能的下降及社交范围的缩小，家庭成为老年人主要甚至唯一的生活环境。通过对家庭评估可以发现家庭对老年人健康的影响。评估内容包括家庭成员资料、家庭结构、家庭功能等。

3. *社会环境评估*　老年人的健康与其生存的环境存在着联系，如果环境因素的变化超过了老年人的调节范围和适应能力，就会引起疾病。通过对环境进行评估，可以更好地去除妨碍生活行为的因素，创造发挥补偿机体缺损功能的有利因素，促进老年人生活质量的提高。评估内容包括生活环境是否安全、省力、方便、适用、舒适、美观，社会环境是否有利于老年人保持社会交往。

4. *文化背景评估*　个体在发展和演变中会形成各自不同的文化。文化对个体健康会产生积极或消极的影响，决定着人们对健康、疾病、老化和死亡的观点和信念。老年人文化评估的内容包括:价值观、信念、信仰、风俗习惯等。通过对老年人进行文化评估有助于找到老年人在健康观念、求医方法、治疗方法偏好上的差异,以制订个体化的健康管理策略。

(四)老年人健康评估注意事项

老年人听觉、视觉的缺损使其接受信息能力降低,因此,对老年人进行护理评估时,为获得真实的资料,应特别注重以下事项。

1. *运用沟通的技巧*　与老年人沟通,首先要做到尊重对方,态度和蔼亲切,面带微笑,语气柔和,努力创造融洽的交流氛围。特别对有明显的认知及功能障碍的老年人,要热情诚恳倾听,不可轻视与嘲笑。交谈时适当应用肢体语言、触摸技巧,使老年人能集中注意力并放松。因老年人有不同程度的感知觉障碍,交谈时护士语速要慢,语调适中,吐字要清晰,合理使用开放式和封闭式提问方法,语句要通俗易懂、直接而简单。

2. *创造适宜的环境*　老年人因血流缓慢、皮下脂肪减少,故评估时应调节室内温度在20~22℃,以防着凉;老年人视、听能力减退,评估应在采光较好的条件下进行,一般选择30cm左右的距离,并与老年人对面而坐,这样不但能给老年人一种安全感,还可以让老年人容易看清护士的口型和面部表情,增加摄取的信息量;考虑到老年人的听力减退,注意力不容易集中,评估时应选择安静的环境,避免外界干扰。有视听障碍的老年人,可以协助他(她)戴上眼镜和助听器。

3. *安排充足的时间*　老年人感官退化,思维迟钝,行动迟缓。对老年人进行评估,应耐心指导,避免催促,让老年人有充足的时间回忆过去的事件。为提高效果,可在评估前做好预约,商定评估进行时间,告知需要了解的问题,让老年人提前做好准备。老年人体弱多病,易疲劳,评估时如果出现不能长时间集中注意力时可分次进行评估。

重点提示

做好充分准备并重视老年人健康评估的注意事项,是获得准确真实的老年人躯体健康、心理健康、社会功能三方面健康评估资料的前提。

二、社区老年人健康管理的内容

社区老年人健康管理是健康管理师和护理人员通过对影响老年人健康危险因素的评估,指导和帮助老年人采取有效预防和干预措施,控制社区老年人慢性病的发展,指导残疾的康复工作,宣传健康知识,倡导健康的生活方式和理念,以达到预防疾病、维护和促进老年人健康的目的。社区健康管理包括以下内容。

(一)建立社区老年人健康档案

健康档案是健康管理的基础,是健康管理过程的规范、科学记录。档案内容包括基本信息、健康现状、个人病史、既往就诊记录、既往体检记录、过敏史、免疫接种史、家族遗传病史等,它是一个动态连续且全面的记录过程。建立健康档案的作用是为了帮助老年人更好地维护健康、减少疾病的发生、延缓疾病的发展。当老年人患病时,便于医务人员快速地掌握其病史,及时诊断治疗。还可避免重复检查,降低医疗费用。

(二)指导老年人常规体检

健康体检是在身体健康时主动到医院或专门的体检中心对整个身体进行检查。目的是了解老年人的身体状况,预防疾病的发生,发现是否有潜在的疾病,以便做到早发现、早诊断、早治疗。目前我国很多地区已开展对老年人进行免费体检。

1. 健康体检的内容

(1)一般情况检查:包括身高、体重、血压、脉搏、呼吸、体温等。

(2)临床各科检查:包括内科、神经科、外科、眼科、耳鼻喉科、口腔科,男性应检查泌尿外科(前列腺指诊),女性应查妇科(乳腺、阴道检查)等。

(3)生化检验及功能检查:包括血、尿、粪三大常规及血糖、血脂、肝肾功能、乙肝五项、大便隐血、肿瘤的筛查及心电图、X线、B超(包括肝、胆、脾、肾和生殖系统)等影像学检查。

2. 健康体检的注意事项

(1)针对老年人个体的特性要重视血压、体重、心脑血管病、神经内科病(脑萎缩、老年痴呆等)、肿瘤的筛查及眼底检查。

(2)根据个人身体状况适当增加内容,如骨密度检测、胃肠镜检查等。

(3)老年女性即使已绝经,也不能忽视全面妇科检查;老年男性也要重视前列腺检查。

(4)认真阅读和执行健康体检前的注意事项及要求。

(5)保留每一次健康体检的资料,以便对照和动态观察。

(6)建议老年人一年做1~2次健康体检。

(三)家庭访视

家庭是社区的重要组成部分,老年人社区健康管理的深入开展,需要健康管理师和护理人员进入老年人所在家庭,对居家养老的老年人进行包括疾病监测、健康教育、康复指导、心理和社会护理、对照顾者的评估及宣教等方面的指导和护理工作。

(四)组织社区健康维护与促进活动

组织社区健康维护与促进活动是社区健康管理师和护理人员的一项重要工作。如开展社区卫生运动、组织健康义诊、进行各种形式的健康宣教、召开社区运动会等,通过生动活泼、老年人喜闻乐见的方式,提高老年人的健康意识,唤起社会人群对老年人健康的关注,促进老年人和社区其他人员之间的感情交流,消除老年人内心寂寞,丰富老年人生活。

第四节 养老院老年人的健康管理

案例分析

患者,女,80岁,独居在家,3个月前因"脑梗死"导致右侧肢体偏瘫,由于子女忙于工作,不能照顾老年人生活起居,将老年人送往养老院。现患者对养老院生活还未完全适应,倍感孤独、思念儿女,不愿参与人交往。

请分析:应该怎样帮助养老院老年人实现角色转变?养老院老年人的健康管理有哪些方面?

几千年来,在"养儿防老"这一传统观念的影响下,人们普遍认为只有没儿没女的老年人才会进养老院。如今,随着我国老龄化的演进,家庭规模的逐渐缩小,子女工作学习压力的增大,客观上已形成养老必须走社会化的趋势。越来越多的老年人选择到养老院安享晚年。因此,做好养老院老年人这一特殊人群的健康管理,使老年人在老有所养的基础上提高生存能力和生活质量,是养老院工作的重点。

一、环境要求及日常生活管理

养老院健康管理要重视环境对老年人的身心健康的影响。养老院整体环境首先要做到舒适。包括空气清新、自然环境安静、楼内地面防滑,有方便老年人上下的电梯、楼道及楼梯有扶手。室内光照充足,温湿度适宜,室内陈设简单,家具稳固。地面平坦无障碍,方便行走或使用轮椅。社会环境的舒适包括照顾周到,服务人员态度热情,人际关系融洽,老年人生活丰富多彩,保持与外界沟通。其次是安全,包括食品安全、环境安全、外出安全、日常生活安全、身体健康安全、心理安全。最后养老院还要满足生活便利的要求,如家属探视、购物、就医及交通便利。养老院的建设要求有就近医疗机构或在养老院内设置医疗门诊,方便老年人定期体检、健康教育、康复指导、常规治疗和及时诊治。另外,还应配备健身房,室外健身场地、阅览室、棋牌茶社、聊天室、多功能厅等,以丰富老年人日常生活。

养老院老年人日常生活管理的内容涉及生活规律的养成、衣着卫生、皮肤清洁、排泄、饮食、运动、休息与睡眠、康复训练与娱乐活动等多方面。对养老院老年人进行日常生活管理的目标是最大限度地发挥老年人的残存功能,发挥老年人的主动性、扩大其生活空间,最大限度地恢复和维持老年人生理-心理-社会的完美状态。

重点提示

养老院环境应符合舒适、安全、便利的要求。

二、身心健康的管理

(一) 躯体健康管理

养老院对入住老年人的健康管理始于入院,老年人入住养老院须经过全面体检,并建立老年人的健康档案。养老院应配备全科医生、专业护士、营养师等专业医务人员,依据健康档案资料,为老年人制订个体化的健康教育、疾病监测、用药监护、康复指导、心理护理等计划。当老年人需进入专业医院治疗时,养老院应提供入院帮助服务。

(二) 心理健康管理

入住养老院的老年人首先要面对的一个问题就是角色转变,包括由主要角色变为依赖角色,由居家生活角色变为集体生活角色,由工作角色变为闲暇角色,甚至由有配偶角色变为单身角色。角色转变带来的不适应性焦虑,使老年人渴望亲情的需要、满足好胜心的需要、维护自尊心的需要、排除苦闷与自卑的需要更加强烈。所以作为养老院护理人员应做到:首先树立正确的老年观念和服务理念。其次要充满爱心、耐心和孝心,尊重每一位老年人,全身心地投入老年护理事业,并能做到因人而异地采取多种护理方式增加老年人的整体健康。如医务人员可以鼓励和帮助老年人参加力所能及的活动,让老年人参与安排自己和养老院的生活以减少其无用感；安排丰富的文娱活动，开办老年大学，以减少其孤独感，增强其生活的乐趣和兴趣；给老年人表现自己的机会以增强其自尊感、价值感和成就感。最后，医务人员还可以利用专业知识技能帮助老年人学会情绪自救，如及时遗忘转移、合理宣泄、主动为别的老年人排忧解难、升华、自我暗示、幽默等。

重点提示

养老院老年人的角色变化和生活环境的变化易引起多种心理问题，心理护理是健康管理的重要方面。

三、家庭及社会的关爱

养老院的健康管理不仅仅涉及老年人、养老院组织，还包括老年人的家庭及社会的参与。维护和促进养老院老年人的全面健康，离不开家庭和社会的支持，需要建立良好的社会支持系统。老年人在青壮年时期为社会做出了贡献，到了老年期理应受到家庭、集体、社会的尊重和照顾，社会有责任积极引导人们关心、关注、关爱老年人的身体健康和心理需求。养老院在管理上要充分重视亲情对老年人心理健康的重要作用，允许老年人家属、朋友随时探视。有的养老院创造条件，通过网络视频系统促进老年人与外界的交流、满足老年人对亲情友情的渴求、扩大老年人的交际范围、扩展视野。个人、社会、福利事业的捐助，为养老院建设提供了经济支持；各种社团性质的志愿者服务队，大学里医学、社会学等专业学生的见习、实习为养老院提供了智力支持。做好社会养老和照顾工作，让老年人安享晚年，老有所终，也是社会文明的体现。

讨论与思考

1. 张奶奶在家养老，不注重自我健康管理。

问题：

(1)你如何帮助这位老年人树立起自我健康管理的责任和信心？

(2)你怎样帮助张奶奶完成自我健康管理？

2. 赵大爷子女在外地工作，准备送老年人到养老院养老。

问题：

(1)你来帮助赵大爷选择到哪一家养老院更适合？

(2)谈谈你认为养老院应该提供什么样的环境和服务？

（于志云）

第3章

老年人的心理健康与护理

学习要点

1. 老年人常见的心理变化特点及影响因素
2. 老年焦虑、抑郁、孤独等常见心理问题的原因和预防护理措施
3. 掌握评估老年人心理健康的方法
4. 心理健康的概念及老年人心理健康的评价标准
5. 与老年人沟通、交流的方法与技巧
6. 维护老年人心理健康的方法

第一节　老年人的心理变化

案例分析

患者，男，78岁，已婚，汉族，小学文化，工人。半年前妻子去世，目前独居，经济状况尚好，有一儿一女，4年前家人发现老年人经常丢三落四，外出买东西忘记带回家，近半年来开始忘记原来熟练的钳工技术，对其说话声音需要大声，小声说话还会遭到他的怀疑，该老年人平素体健，半年来体重下降6kg，医院体检显示无明显器质性病变。追问平日生活，自诉妻子过世后很少外出，常在家呆坐不愿活动，不主动与人交谈，食欲有所减退，无明显饥饿感，食量减少。

请分析：该老年人发生的主要的心理变化有哪些？他发生这些心理问题的变化有哪些影响因素？应当采取哪些建议或护理措施来缓解老年人目前存在的心理问题？

大量研究表明，老年人的心理伴随生理功能的减退而出现老化，如何调整老年人的心理来逐渐适应不断老化的生理需要，从而使老年人从整体上能适应良好，是全社会面临的一个主要问题。

一、老年人心理变化特点

伴随着老年人社会职务、年龄及生理等变化，随之而来的是老年人的心理变化。心理变化是指心理能力和心理特征的改变，包括感知觉、人格特征、智力等。老年人的心理变化特点主要表现在以下几个方面。

（一）感知觉的变化

随着机体的老化，老年人的感觉器官逐渐衰退，其观察能力、认知能力、辨别能力均有不同程度的下降，出现老花眼、味觉减退、听力下降等，这些都会给老年人的生活和社交活动带来不便。例如由于听力下降容易误解他人意思，造成敏感而多疑。

（二）记忆的变化

记忆与人的生理因素、精神状况、社会环境及记忆训练有关，神经递质乙酰胆碱影响着人的学习记忆。随着各项生理功能的衰退，老年人的记忆能力减退，老年人的记忆变化特点为：有意记忆为主，无意记忆为辅；近事容易忘记，远事记忆尚好；回忆能力较差，再认能力尚可；机械记忆能力减退，但理解性记忆、逻辑性记忆能力良好。

（三）智力的变化

大量研究证实，智力与年龄、受教育程度、自理能力等有密切关系。随着年龄的增长，老年人获得新观念、洞察复杂关系的能力呈逐渐下降的趋势，如知觉速度、识别图形等能力，但是对词汇、常识的理解能力，随着后天知识、文化、经验的积累则保持相对稳定的状态甚至还有所提高，到高龄后才缓慢下降。

（四）人格的变化

进入老年期后，老年人的人格（即人的特性，包括兴趣、爱好、性格、倾向性、价值观等）也逐渐发生相应的改变，例如：由于记忆力减退，说话重复唠叨，学习新事物能力降低，故处理问题保守、固执，因把握不住现状而易怀旧发牢骚等；对健康和经济的过分关注与担心而产生不安和焦虑。但大多数老年人会很快发现自身的问题，通过讨论、交流和指导，适应自身及社会的发展需要。

（五）情感与意志的变化

当脑组织老化或伴有某些脑部疾病时，常有明显的情绪变化，例如：出现消极言行，易发怒，甚至失去自我控制等。老年人的情感和意志形成过程受到社会地位、生活环境、文化素质等诸多影响因素的制约。

重点提示

老年人心理变化特点主要表现在感知觉、记忆、智力、人格、情感与意志。

二、老年人心理变化影响因素

步入老年阶段后，机体衰老加快，疾病增多，面临着死亡的考验和挑战；同时老年人的职业、家庭结构、婚姻状况、经济境遇等方面都在发生着变化。这些变化对老年人的感觉、知觉、记忆、情绪、情感、性格、兴趣等不同层次的心理都将产生影响。

(一)各种生理功能减退

随着年龄的增长,各种生理功能减退,出现老化现象,这是最先、最直接引发老年人心理变化的因素。如感觉器官开始老化,视力和听力逐渐减退,视野变得模糊,听觉下降,"耳背、眼花"成为显著特征,其他感觉,如触觉、嗅觉、味觉也在发生退行性变化,脑细胞逐渐发生萎缩并减少,神经递质功能减退,导致神经活动减弱、记忆力减退、反应迟钝。

(二)死亡的威胁

老年人心理障碍的出现与死亡的危险和挑战有着密切的关系。尽管社会的进步和医学卫生条件的提高使人类的平均寿命持续延长,但衰老和死亡却仍不可避免地发生着,生理的衰老和死亡的逼近,对老年人的心理影响有转折性、持久性的和冲击性的影响。

(三)社会地位的变化

离退休引起的老年人社会角色的改变体现在以下两个方面:①从忙碌职业角色转变为闲暇的家庭角色,这种角色转换对老年人的生活和心理是一次很大的冲击。②从主体角色转变为配角角色,老年人从社会财富的创造者转变为社会财富的享受者;同时经济收入的下降,在家庭中原有的主体角色和权威感也随之丧失,极易产生失落感、自卑感。

(四)家庭人际关系的改变

离退休后老年人主要工作活动场所由工作单位转为家庭。家庭成员间的关系,对老年人影响很大;婚姻状况对老年人的生理和心理的影响都非常大,离婚、丧偶和再婚是老年人遇到的主要婚姻问题,美满的婚姻、和谐的夫妻关系令人幸福,产生安全感和归属感,而不幸的婚姻则让人悲伤和痛苦。

(五)营养状况

为维持人体组织与细胞的正常生理活动,需要摄入足够的营养,如蛋白质、脂肪、糖类、水、盐类、微量元素、维生素等必需的营养物质。老年人随着生理器官功能的减弱,当营养的摄入不足时,尤其是神经组织及细胞缺乏营养时,常出现精神不振、乏力、记忆力减退、对外界事物不感兴趣,甚至发生抑郁及其他精神神经症状。

(六)体力或脑力过劳

体力及脑力过劳均会引起记忆减退、乏力、思想不易集中、精神不振,甚至出现错觉、幻觉等异常心理。

(七)社会环境因素

除了老年人自身和家庭因素以外,社会环境对老年人的心理状态也会产生一定程度的影响。良好的社会风气、社会福利状况有利于老年人积极心理的形成。尤其是现在的中国已步入老龄化社会,老年人口与日俱增,整个社会都应该关注、爱护老年人,形成良好的社会风气,营造一个有利于老年人健康、愉快的生活环境。

(八)疾病

各种老年疾病的缠身也是身体老化对老年人心理影响的具体体现。随着老年人的生理功能的全面衰退,老年人对环境的适应能力和对疾病的抵抗力也在下降,导致疾病容易发生。有些疾病会直接影响老年人的心理状态。例如:脑动脉粥样硬化使得脑功能减退,记忆力减退加重,晚期甚至会出现老年痴呆等;脑卒中可使老年人卧床不起、生活不能自理,产生悲观、孤独等心理状态。因此,对老年人应当积极防治各种疾病,保持良好的心理状态。

重点提示

老年人心理变化的影响因素是各种生理功能减退、死亡的威胁、社会地位的变化、家庭人际关系的改变、营养状况、体力或脑力过劳、社会环境因素、疾病等。

第二节 老年人常见的心理问题及护理

案例分析

患者,男,62岁,原来是某化工厂厂长。夫妻双方都是刚刚退休,这两年他们的儿子和女儿先后结婚,大女儿嫁到另一个城市,小儿子结婚后搬到单位分的新房另住。按理说完成了社会工作和养育子女的义务,他和老伴应该轻松愉快地安享晚年,可自从女儿、儿子离开家后,老人便思维迟钝、郁郁寡欢、成天闭门发呆,连老伴找他说话,他也不太理,拉他出去参加老年人的活动,他总说我一个干部到那种地方不合适,时常自个唠叨说别人对他冷淡,这个世界上人情淡漠,活着没有什么意思。

请分析:该老年人都存在哪些心理问题?针对他的问题,该如何进行预防及护理?

一、老年人焦虑护理

焦虑是由紧张、焦急、忧虑、担心和恐惧等感受交织而成的一种复杂的情绪反应。是一种很普遍的情绪状态,大多数人都有过焦虑的体验,适度的焦虑有益于更好地适应变化,有利于个体通过自我调节保持身心平衡。但持久过度的焦虑则会严重影响身心健康。老年焦虑症容易导致精神残疾、自杀率高,成为老年人健康的一大威胁。

(一)产生焦虑的原因

弗洛伊德最早从心理学角度重视并探讨焦虑的问题。他把焦虑分为客观性焦虑和神经症性焦虑。前者是对环境中真实危险的反应,与害怕一词同义;后者是潜意识中矛盾的结果。造成老年人焦虑的可能原因有以下几个方面:①对自身生理功能减退而产生的担忧与恐惧;②疑病性神经症;③各种应激事件,如离退休,丧偶,经济窘迫,家庭关系不和、搬迁及日常生活常规的打乱等;④疾病,如抑郁症、痴呆、甲状腺功能亢进症、低血糖等;⑤某些药物不良反应,如抗胆碱能药物、咖啡因、β受体阻滞药、麻黄碱等均可引起焦虑反应。

(二)焦虑的分类及症状

焦虑起病可急可缓,病前常有心理或躯体方面的诱因。可分为急性焦虑和慢性焦虑两类。①急性焦虑,又称惊恐发作,老年人发作时表现为突然感到不明原因的惊恐、紧张不安、心烦意乱、失眠、坐卧不安或激动、哭泣,常伴有潮热、大汗、口渴、心悸、气促、脉搏加快、血压升高等躯体症状。严重时可以出现阵发性气喘、胸闷、濒死感,并产生妄想和幻觉。②慢性焦虑,又称普遍性焦虑或广泛性焦虑,表现为持续性精神紧张,是一种自己不能控制的没有明确对象或内容的恐惧，常有感到某种实际不存在的威胁将至，而紧张不安、提心吊胆样的痛苦体验；还伴有颤动等运动性不安，胸部紧压等局部不适感及心慌、呼吸加快、出汗、面色苍白、尿频、尿急等自主神经功能亢进症状。慢性焦虑老年人表现为比较敏感，经常提心吊胆、有不安的预感、处于高度的警觉状态、生活中稍有不如意就心烦意乱、容易激怒、易与他人发生冲突、注意力不集中、健忘等。

（三）预防与护理

持久过度的焦虑可严重损害老年人的身心健康，并可诱发高血压、冠心病，急性焦虑发作可导致脑卒中、心肌梗死、跌伤等意外发生。因此，必须积极发现并护理老年人的过度焦虑。

1. *评估焦虑程度*　可用汉密尔顿焦虑量表、SAS焦虑自评量表或焦虑状态特质问卷对老年人的焦虑程度进行评定。

2. *应对焦虑的措施*　指导和帮助老年人及家属认识并分析焦虑的原因和表现。①增强安全感：家人、照顾者在生活中应当多沟通、陪伴，以增强老年人安全感，可以让老年人的焦虑情绪降低或消失。②增加自信心：充分理解老年人的焦虑状态，用支持性语言帮助其增加自信心，并有效地适应和面对。③转移注意力：焦虑情绪是一种恶性循环，越焦虑就会越让老年人注意引发焦虑情绪的事件，从而导致其胡思乱想，坐立不安，痛苦异常。这个时候，就需要去转移注意力，例如读有趣的书或从事紧张的体力劳动，忘却痛苦的事情。④心理放松：心理放松能帮助调整不良情绪，有很多的方法可以借鉴，如运动、看电影、听音乐等，都可以让老年人放松。

二、老年人抑郁护理

抑郁是一种以持久的心境低落为特征的神经症，主要表现为情感低落、思维迟缓及言语动作减少。抑郁症已经成为我国疾病负担的第二大病，是老年期最常见的功能性精神障碍之一，调研显示，我国老年人中有40%存在抑郁症状，老年人的自杀通常与抑郁症状有关。

（一）老年人产生抑郁的原因

导致老年人抑郁的可能原因主要有：①增龄引起的生理、心理功能退化；②慢性疾病，如高血压、冠心病、糖尿病及癌症等躯体功能障碍和因病致残自理功能下降或丧失；③较多的应激事件，如离退休、丧偶、经济窘迫、家庭关系不和等；④孤独；⑤消极的认知应对方式等。

（二）老年抑郁症的症状

抑郁症与一般的“不高兴”有着本质区别，它有明显的特征，综合起来有三大主要症状，就是情绪低落、思维迟缓和运动抑制。老年人抑郁表现特点以躯体症状为主要表现形式，心理低落表现不太明显，称为隐匿性忧郁或以疑病症状较突出，可出现“假性痴呆”等；严重抑郁症老年人的自杀行为很常见，也很坚决，如疏于防范，自杀成功率也较高。

（三）老年抑郁症的预防与护理

对抑郁症，一般人的理想，是预防其发生，我国古代医生就有“不治已病治未病”的预防思想。科学发展至今，还不能说对所有的疾病都能“防患于未然”，使之不发生。对于老年抑郁症的防范应该可以做到及早治疗、巩固康复、防止复发。

三、老年人孤独护理

孤独感在老年人中常见,我国上海一项调查发现,60～70岁的人中有孤独感的约占30%,80岁以上者约占60%。美国医学家詹姆斯等对老年人进行的一项长达14年的调查研究发现,孤独、隐居者患病的机会为正常人的1.6倍,死亡的可能性是爱交往的2倍,因此,老年人孤独感是不容忽视的社会问题。

(一)原因

导致老年人孤独的可能原因为:①远离社会生活;②无子女或因子女独立成家后成为空巢家庭;③体弱多病,行动不便,降低了与亲朋来往的频率;④性格孤僻;⑤丧偶。

(二)表现

社会活动减少会使老年人孤独寂寞,精神萎靡不振,抑郁情绪,常偷偷哭泣,顾影自怜,如体弱多病,行动不便时,上述消极感会明显加重。久之,机体免疫功能降低,容易导致躯体疾病。

(三)预防与护理

1. *社会予以关注和支持*　对离开工作岗位而尚有工作能力、学习要求和学习能力的老年人,各级政府和社会要为他们创造工作和继续的学习机会。社会应经常组织适合老年人的各种文体活动,如广场交谊舞、打腰鼓、书画剪纸比赛等,鼓励老年人积极参加。对于卧病在床、行动不便的老年人,社区应派专员定期上门探望。

2. *子女注重精神赡养*　子女应当从内心深处诚恳地关心父母,充分认识到空巢老年人可能遭遇的心理危机。和父母住同一城市的子女,与父母房子距离最好不要太远。身在异地的子女,除了托人照顾父母外,更要注重对父母的精神赡养,尽量常回家看望老年人,或经常通话等与父母进行感情、思想交流。

3. *老年人需要再社会化*　老年人应该积极而适量地参加各种力所能及的有益于社会和家人的活动,通过活动来扩大社会交往,做到老有所为,既可消除孤独与寂寞,更从心理上获得生活价值感的满足,增添生活乐趣;也可以通过老年大学的学习以消除孤独,培养广泛的兴趣爱好,挖掘潜力,增强幸福感和生存价值。

四、老年人离退休综合征护理

离退休综合征是指由于老年人离退休后不能适应新的社会角色及生活环境和生活方式的变化,继而出现的焦虑、抑郁、悲哀、恐惧等消极情绪,或因此产生偏离常态行为的一种适应性心理障碍,这种心理障碍往往还会引发其他生理疾病,影响身体健康。据统计1/4的离退休人员会出现不同程度的离退休综合征。主要表现在情绪和行为方面,患者一般会出现以下症状:①性情变化明显,要么闷闷不乐、郁郁寡欢、不言不语,要么急躁易怒、坐立不安、唠唠叨叨;行为反复,或无所适从。②注意力不能集中,做事经常出错;对现实不满,容易怀旧,并产生偏见。要预防和治疗离退休综合征,老年人就应该努力适应离退休所带来的各种变化,即实现离退休社会角色的转换。通常有以下几种方法:调整心态,顺应规律;发挥余热,重归社会;善于学习,渴求新知;培养爱好,寄托精神;扩大社交,排解寂寞;生活规律,保健身体;必要的药物和心理治疗。

五、老年人空巢综合征护理

随着社会的发展,家中无子女或子女成人后相继分离,只剩下老年人独自生活,这样的家庭可称作"空巢家庭"。空巢家庭中的老年人由于人际疏远、缺乏精神慰藉而产生被舍弃、疏离的感觉,出现孤独、空虚、寂寞等一系列心理失调症状时,称为空巢综合征。这已经成为当今社会最重要的老龄问题之一。根据2010年公布的一项调查发现,中国城市空巢家庭已达到49.7%,应当引起重视。

(一)原因

产生空巢综合征的原因主要有以下几个方面:①从工作岗位上退下来后,对离退休后的生活不适应,感觉冷清、寂寞;②思想比较传统,对子女依赖性比较强,儿女不在身边,不由得心头涌起孤苦伶仃、自卑的消极情感;③老年人自身性格方面的缺陷,对周围的人或事没有兴趣,缺乏独立自主以及重新设计晚年美好生活的信心和勇气。

(二)表现

子女离开家庭之后,父母从原来多年形成的紧张的、有规律的生活,突然转入松散的、无规律的生活状态,他们无法很快适应,出现以下一些表现:①精神空虚,无所事事,进而出现情绪不稳、烦躁不安、消沉抑郁等;②孤独、悲观、社会交往少,对自己存在的价值表示怀疑,陷入无趣、无欲、无望、无助状态,甚至出现自杀的想法和行为;③受"空巢"应激影响产生的不良情绪,可导致一系列的躯体症状和疾病,如失眠、早醒、睡眠质量差、头痛、食欲减退、心慌气短、消化不良、心律失常、高血压、冠心病、消化性溃疡等。

(三)预防与护理

为避免"空巢综合征"的侵袭,可以指导老年人采取以下措施:①未雨绸缪,正视"空巢"。做父母的要做好充分的准备,为自己的晚年生活方式做好准备。②夫妻扶持,相携相助。可以培养一些共同的爱好,建立新的生活规律,相互给予更多的关心、体贴和安慰。③回归社会,安享晚年。应当鼓励"空巢"老年人走出家门,回归社会,通过爬山、跳舞、下棋或其他文艺娱乐活动结识新朋友,体会老年生活的乐趣。④及时发现,对症治疗。如果子女或伴侣发现老年人有明显的"空巢综合征"表现时,一定要鼓励或带领老年人及时寻求心理或精神科医师的帮助,接受规范的心理或药物治疗。⑤子女关爱,精神赡养。国外研究表明,与父母的居住距离最好是"一碗汤的距离",意思是与老年人的居住距离不要太远,以做好的汤送过去不会凉为标准;在异地工作的子女,更要"常回家看看,常电话问问",注重父母的精神赡养。⑥社会合力,政策支持。政府应当加大宣传力度,在全社会加强尊老爱幼、维护老年人合法利益的社会主义道德教育。深入贯彻《中华人民共和国老年人权益保障法》,切实维护老年人的合法权益;通过社区服务、兴趣活动、义工看望等方式转移空巢老年人孤独情绪。

重点提示

老年人焦虑、抑郁、离退休综合征及空巢综合征产生原因、表现及护理措施。

第三节 老年人心理健康的维护与促进

案例分析

患者，男，去年退休，可是就在回家后的半年中，他的精神状态每况愈下。离开原有的工作岗位后，原本的秩序生活一下子被打乱了，在家里的一切都显得枯燥乏味，整天无所事事，每天不变的规律就是吃饭、看电视。而更为严重的是，他总是觉得自己的身子发硬，腿脚越来越不灵便，而自己的腰还总是弯的，每天一点精神都没有，还时常胡思乱想，怀疑自己得了什么不治之症，经常做梦被惊醒，称其看到了自己活不了多久。

请分析：请问你认为该老年人心理健康状态如何？主要存在哪些心理问题？该采取什么样的措施维护和促进他的心理健康？

心理学研究与生活实践表明，积极的情绪有利于身体健康，而消极的情绪则会对健康带来不良影响。

一、老年人心理健康维护的意义

(一) 老年人的心理健康

1. 心理健康的定义　第三届国际心理卫生大会将心理健康定义为："在身体、智能及情感上将个人的心境发展成为最佳状态。"表现在一个人的身体、智力和情绪的调和；能适应环境，人际关系能和睦相处，宽容谦让；有幸福感；对自己的工作和生活有信心，能发挥自己的能力等。

2. 老年人心理健康的标准　目前为止国内外尚没有统一的老年人心理健康的标准。

综合国内外心理学专家对老年人心理健康标准的研究，结合我国的实际情况，我国心理学专家经过科学研究，确定我国老年人的心理健康标准，可根据以下 10 条标准作为参考：①感知觉尚好，判断事物不常发生错误，稍有衰退者可以通过适当的手段进行弥补，如戴眼镜、使用助听器等；②记忆力良好，不总是要人提醒该记住的重要事情，能轻松地记忆读过的 7 位数字；③逻辑思维健全，说话不颠三倒四，考虑问题、回答问题时条理清楚明了；④想象力丰富，不拘于现有的框框，做的梦常常新奇有趣；⑤情感反应适度，积极的情绪多于消极的情绪，不会事事感到紧张；⑥意志坚强，办事有始有终，不轻易冲动，不常常抑郁，能经得起悲痛和欢喜；⑦态度和蔼可亲，能常乐，能制怒；⑧学习能力基本不变，始终坚持学习某一方面或几个方面的知识或技能；⑨有正当的业余爱好，与大多数人的心理活动基本保持一致，遵守社会公认的道德观念及伦理观念；⑩保持正常的行为，能坚持正常的生活、学习、工作和活动，能有效地适应社会环境的变化。

(二) 老年人的心理健康维护

1. 维护和增进心理健康的目的　良好的心理状态可使人体的生理功能达到最佳状态，反之则会影响身心健康，诱发疾病。

2. 维护和增进心理健康的原则　心理健康强调人与环境能动的协调适应的适应原则；强调每个个体都是一个身心统一的整体的整体原则；遵循从自然、社会文化、人际关系等多方面、多角度、多层次考虑和解决问题的系统原则；以及要以发展的观点动态观察的原则。

二、老年人心理健康维护与促进的方法

（一）帮助老年人正确评价衰老、健康和死亡

老年人常对自己的健康状况持消极评价，对疾病过分忧虑，常常怀疑自己得了什么不治之症。常常会导致疑病症、焦虑、抑郁等心理问题，加重疾病和躯体不适，对健康十分不利。因此，应当树立正确的健康观、生死观，保持乐观、豁达的心境，促进身心健康。

（二）维护和促进心理健康的方法

1. *做好离退休的心理调适*　指导老年人正确看待，应做好心理上的准备。离退休并不意味着人生之路已走到尽头，而是人生又一个新的开始。

2. *树立"老有所为、老有所用"的观念*　年老并不等于无为、无用，老年人阅历丰富、知识广博，是社会宝贵的财富，充分发挥老年人的作用，是为社会也是为家庭和后代在继续发挥余热。

3. *妥善处理好家庭关系*　家庭是老年人晚年生活的主要场所，老年人的精神状态和家人之间的关系、家庭气氛息息相关，良好和睦的家庭气氛能使老年人精神放松，健康长寿。相反，家庭不和、家庭成员之间关系恶劣对老年人的身心健康极其有害。

4. *注重日常生活中的心理保健*　积极并有意识地培养多种兴趣爱好，如琴棋书画、上老年大学、适度锻炼和运动、参与社会活动、学会心理调适、充实和发展自己。都会让老年人的晚年生活丰富多彩、心身愉快。

（三）与老年人的沟通与交流方法

老年人因生理的老化，其心理特点及与人交流沟通的方法和年轻人有所不同，为了能更好地服务于老年人、满足老年人的需求，掌握沟通技巧非常重要。

1. *沟通的概念*　沟通是指两个人或两个群体间，通过语言、姿势、表情或其他信号等方式，相互分享与交换信息、意念、信仰、感情与态度，以使双方能够互相理解。

2. *与老年人沟通交流的方法与技巧*　与老年人沟通的方法包括语言与非语言的沟通交流。语言沟通的方法有口头沟通和文字沟通。非语言沟通的方法有触摸、倾听、身体姿势等。

与老年人的沟通技巧包括：①尊老敬老，注重倾听。与老年人交流中，首先要做到充分尊重，对他们提出的各种要求和建议需耐心地倾听，认真地对待。对不能满足的生理和心理需求，也要细致地解释清楚。②重视称谓，顺心体谅。与老年人打招呼切忌直呼床号或姓名，称谓要恰当，如"王老、张大爷、李奶奶"，这些称呼能满足老年患者被敬重的需要，增进交往，促进沟通。在非原则问题上应尽量多迁就老年人，顺从老年人意愿，理解体谅老年人的心情，不强词争辩。对待老年人要多问候、多安慰、多宽心，减少和消除他们的孤独感和不安全感。切忌态度冷淡或故意疏远。③满足需求，相互交流。对待老年人要热心、热情，主动满足老年人对防病治病知识的渴望，运用通俗易懂的语言进行健康疾病知识宣教，消除老年人对疾病的疑虑和恐惧心理。④突出重点，恰当引导。为收集资料或评估而与老年人进行沟通交流时，事先应有计划和目标，发问、处理问题应力求简洁，突出重点，主动把要点重复或条理化，必要时可将重要事项写在纸上，让老年人随时参考。⑤语言并重，方式多样。善于运用肢体语言传递人与人之间的思想和情感，一句温暖的话语、一张祝福的贺卡、一丝关心的眼神、一张微笑的脸、一双温暖的手都会给老年人以极大的心理安慰和支持。

重点提示

与老年人沟通的方法包括语言与非语言的沟通交流。与老年人的沟通技巧包括尊老敬老，注重倾听；重视称谓，顺心体谅；满足需求，相互交流；突出重点，恰当引导。

讨论与思考

刘某，男，68岁，退休后老伴去世，近日以食管癌收住医院，该患者精神沮丧，少言寡语，不愿意配合，经常夜间哭泣，请问与患者沟通时应采取怎样的方式与技巧？

（张爱萍）

第4章

老年人的日常生活护理

学习要点

1. 老年人的睡眠特点与护理
2. 老年人饮食原则与营养需求
3. 老年人皮肤清洁与排泄护理
4. 老年人活动的意义与内容
5. 老年人运动处方的制定与运动注意事项

老年人由于生理功能方面的退化,使身体健康受损并患有各种慢性疾病,使他们的日常生活发生了很多的变化。所谓日常生活是指人经常性、反复性、连续性和习惯性地出现在身边的事情。老年人护理应重视和注意老年人的日常生活的变化,帮助患有疾病和功能障碍的老年人恢复其基本的生活功能,使其适应日常生活,或在健康状态下独立、方便、高质量地生活。老年人的日常生活护理包括休息、睡眠、饮食、居室环境、排泄、个人卫生、生活方式、安全防护、娱乐与体育活动等方面

第一节　休息与睡眠

案例分析

患者,女,68岁,近2年来一直觉得睡眠情况不好,每日睡眠时间不足6h,睡眠时多梦,早醒,夜间睡眠也不踏实,稍有一点响声就醒来,去医院体检显示无明显器质性病变和神经衰弱功能性病变。

请分析:该患者的睡眠状况可能与哪些因素有关?采用哪些措施可有效地改善她的睡眠?

许多因素可影响老年人的生活节律而影响睡眠质量,甚至导致失眠,如更换环境、情绪变化、夜尿频繁、疾病疼痛、呼吸困难等。而睡眠的质量可直接影响身体健康,易出现疲乏无力、食欲减退、烦躁、精神萎靡,甚至导致疾病。因此,做好老年人睡眠护理非常重要。

一、休息与睡眠的特点

1. 老年人的休息特点　休息是指机体在一定时间内相对减少活动或变换活动的一种生活方式，使人从生理、心理上得到松弛，使精力、体力得到恢复的过程。休息的方式取决于个体的年龄、健康状况、生活方式和工作性质等。休息并不意味着不活动或睡眠，变换一种活动方式也是休息，如看书、看电视坐久了，站立活动一下或外出散步也是休息；干活累了，听音乐、唱唱歌、下盘棋等也是休息。老年人的休息特点：老年人身体各组织器官逐渐衰退，表现为休息增多而睡眠减少，也因患有心血管系统疾病而易感疲劳，因此，老年人需要休息好，注意保证休息的质量。

重点提示

有效的休息应满足3个基本条件：心理放松、生理舒适、睡眠充足。

2. 老年人的睡眠特点　睡眠是指一种主动过程，是人在休息时意识水平降低或消失的状态，是人恢复精力所必需的休息。觉醒和睡眠是一种昼夜节律性的生理活动，是人类生存的必要条件。睡眠是最好的休息方式，是维护人体健康和体力的基础。老年人的睡眠特点：老年人大脑皮质功能减退，导致睡眠调节功能下降，表现为深睡眠明显减少，熟睡眠很差，睡眠过浅，容易惊醒，醒后不易再入睡，清晨醒来过早，白天昏沉打瞌睡等。老年人每天睡眠时间一般约6h，随着年龄的增长睡眠的时间相应增加，60~70岁需8h左右、70~90岁需9h左右、90岁需10h左右为宜。老年人易引起失眠性睡眠障碍。

重点提示

老年人睡眠特点是夜间睡眠浅而易醒，醒后不易入睡，早睡早醒，白天昏沉打瞌睡。

二、老年人的睡眠护理

老年人的睡眠受许多因素的影响，如情绪变化、更换环境、夜尿频繁、疾病的疼痛、呼吸困难等。而睡眠的质量直接影响机体的活动状况，易出现烦躁、精神萎靡、疲乏无力、食欲减退，甚至诱发疾病的产生。因此，老年人良好的睡眠，是身体健康的基础。日常生活中，促进老年人睡眠质量的主要护理措施如下。

1. 创造良好的睡眠环境　保持老年人卧室适宜的温度、湿度、空气、光线及声音，减少外界环境对老年人睡眠的不良刺激。保持被褥的整洁，床垫与床枕软硬度适中，必要时加床档，保证老年人的睡眠安全。

2. 养成良好的睡眠习惯　老年人应养成早睡早起、午睡的习惯。白天睡眠时间不宜过长，以1h左右为宜。白天避免非睡眠时卧床，夜间固定就寝时间，保证夜间睡眠质量。老年人睡眠也存在个体差异，对已形成的睡眠习惯，不可强迫立即纠正，进行耐心解释和诱导，使其睡眠习惯逐渐正常化,生活符合人体生物节律。充足有效的睡眠是老年人白天正常活动和社交的基础。

3. 排除干扰睡眠的影响因素　老年人晚餐应避免吃得过饱、过油腻;睡前避免饮用浓茶、咖啡、可乐、酒和大量水分;避免摄入大量不易消化、吸收的食物;不吸烟、不喝酒;不看刺激性电视或小说、不过度思虑和用脑过度,避免由于身心强烈刺激而影响睡眠;提醒老年人睡前排尿,以防夜尿增多而干扰睡眠。老年人卧室应备一盏夜灯,必要时备床旁便器。

4. 指导老年人促进睡眠的方法　指导老年人坚持参加力所能及的日间活动,白天适当锻炼,晚餐后轻微地散步活动;睡前喝牛奶、用温水泡脚、背部按摩、全身放松深呼吸等方法均有利于促进睡眠。

5. 合理使用镇静药物　老年人应尽量避免选用药物来帮助入睡,因为镇静催眠药有许多不良反应,长期使用易产生依赖性,有抑制呼吸、降低血压、影响意识等不良反应,必要时在医师指导下根据病情选用,切勿自行服用药物。

重点提示

影响老年人睡眠的因素是心理因素、环境因素、疾病因素、药物因素。

三、老年人睡眠应注意的问题

老年人由于各器官功能逐渐衰退,机体代谢减慢,有些老年人机体患有心血管、呼吸系统等疾病,睡眠后易出现意外危险。因此,老年人睡眠护理时要注意以下几点。

1. 防止心血管疾病发生意外　老年人易患脑血栓、心肌梗死、心绞痛等心血管系统疾病,并且老年人感觉迟钝,临床症状不典型,因此,老年人睡眠时要注意观察呼吸,若出现呼吸异常或者该醒未醒时,要警惕有无意外发生。

2. 防止外环境带来安全隐患　由于老年人肾功能衰退、前列腺增生,引起夜间尿量增多。夜间起床时,往往由于意识混乱、定向障碍、步履蹒跚而发生碰伤、跌倒等意外。因此,去卫生间的路上要有照明设施,以保证老年人起夜安全。对于行动不便的老年人,要在床旁放置便器。

3. 慎用镇静药物　老年人失眠一般先通过改善环境、放松疗法等物理方法帮助催眠。若有顽固性失眠,应根据医嘱服用适量的镇静催眠药,但用药后必须观察用药后的反应,避免因药物的不良反应而发生意外。

第二节 饮食与营养

案例分析

患者,男,80岁,2年前妻子去世,仅有一子,在外地工作,一直独居,经济状况尚好,自理能力差。平素体健,半年来体重下降5kg,医院体检无明显器质性病变。了解老年人日常生活情况,自诉妻子过世后很少外出,食欲有所减退,无明显饥饿感,食量减少。

请分析:该老年人消瘦可能与哪些因素有关?采用哪些措施可有效改善老年人的营养状况?

饮食与营养是维持人生命活动的基本需要,也是促进、维持、恢复人身体健康的基本手段。老年人由于消化系统结构与功能的老化改变,在饮食与营养需求上相对于年轻人有很大的不同。合理营养,平衡膳食,延缓衰老,可预防老年人多发病,维护老年人身体健康,也是老年人日常生活护理中的一个重要课题。

一、老年人的饮食原则

1. 做到平衡膳食 平衡膳食是指保证膳食中所含的各种营养素品种齐全、数量适宜、比例适当,达到热量的提供与消耗保持平衡。热量过高可导致肥胖,易诱发高血压、糖尿病等多种老年性疾病;热量不足则会消瘦,从而加速衰老,因此,老年人食物热量摄取要适量,要注重老年人营养搭配,食物的选择应种类多样、营养丰富。饮食要注意"三个搭配",即荤素搭配,以素为主;粗细搭配,多吃粗粮;干稀搭配,混合食用。食物摄取要做到"三低",即低钠、低脂、低糖。食用足够的优质蛋白质、丰富的维生素、适量的膳食纤维和含钙、铁等微量元素多的食物,保持老年人营养平衡。

2. 食用软易消化吸收食物 老年人由于消化功能减弱,咀嚼能力也因牙齿松动、脱落而受到影响,因此,食物加工宜软而烂,便于消化吸收。如瓜果和蔬菜可加工成菜泥、菜汁,肉做成肉末,多采用煮、炖、熬、蒸等烹饪方法,烹调时注意色、香、味俱全。可食用牛奶、豆浆、稠稀饭、汤面等软食。

3. 避免食用刺激性食物 老年人饮食宜温偏热(最适宜的进食温度是10~50℃),不宜过烫,以免损伤口腔、食管黏膜。不吃辛辣生冷食物,少吃油炸、干硬食品,不吃熏烤、腌渍食物。饮食宜清淡,不易过咸,以免加重肾的负担。

4. 严格饮食卫生 老年人胃肠道功能减退、身体抵抗能力弱,要做好餐具、食物的卫生。因老年人的视觉、味觉、嗅觉功能衰退,对变质食物的判断能力差,因此,老年人要吃用新鲜的食物,避免吃隔顿、隔夜或未充分加热的食物,禁止吃过期和变质的食品。

5. 养成良好的饮食习惯 根据老年人的生理特点,饮食要节制有规律,少量多餐;做到定时、定量、定质;做到"早吃好、午吃饱、晚吃少"的饮食原则。不偏食,不拒食,避免暴饮暴食或过饥过饱,膳食内容的改变也不宜过快。

重点提示

老年人的饮食原则是平衡膳食，清洁卫生、食物温度适宜，易于消化吸收，养成良好的饮食习惯。

二、老年人的饮食营养需求

为了满足老年人对多种营养素的需求，减少因营养不良所致疾病对老年人的危害，延缓老年人的衰老速度，老年人的饮食要做到营养平衡、适度、清淡、多样，即平衡膳食。

1. 糖类（碳水化合物）　老年人代谢功能和活动能力逐步降低，热能的消耗与需求相应减少。老年人胰岛素分泌减少，对血糖的调节功能减弱，易引起血糖升高。老年人糖类供给的能量占总热能的 55%～65%，60 岁以上的老年人需要的热能比年轻时减少 20%，70 岁以后减少 30%，应控制糖类的摄入量，防止肥胖、糖尿病。老年人以摄入多糖为好，如谷类、薯类等含较丰富的淀粉。若过多摄入单糖、双糖（主要是蔗糖，如砂糖、红糖等）能诱发心血管疾病、糖尿病、龋齿等疾病。

2. 蛋白质　老年人体内代谢以分解为主，需要丰富的蛋白质补充体内组织蛋白的消耗，但老年人胃肠道吸收功能较差、胃胰蛋白酶分泌减少，过多的蛋白质会加重老年人的消化系统和肾负担，增加胆固醇的合成。反之，若老年人蛋白质供给不足会影响机体各种酶的生成、新陈代谢及组织修复，导致营养不良、抵抗力下降等。因此，老年人每日蛋白质摄入应适量，每日按 1～1.5g/kg（占食物总热量的 20%）为宜，80 岁以上老年人男性为每日 60g、女性 55g。每日膳食中以优质蛋白质为主，占摄取蛋白质总量的 50% 以上，即动物蛋白质和豆类蛋白质，如奶类、豆类、鱼类、蛋类、瘦肉等。

3. 脂肪　老年人胆汁分泌减少，脂肪酶活性降低，使脂肪消化和利用减少，并且老年人体内脂肪组织随年龄增长而逐渐增加，因此，膳食中过多的脂肪会导致血脂过高，引起肥胖、高脂血症、动脉粥样硬化、冠心病等。但食入脂肪过少，会影响脂溶性维生素的吸收。老年人摄入脂肪能量不超过总热量的 20%～30%，每日以 1g/kg 以内为宜。尽量食用含不饱和脂肪酸较多的植物油，而减少饱和脂肪酸和胆固醇的摄入，如多吃花生油、玉米油、豆油、菜油等，少食动物油。

4. 无机盐　无机盐主要包括钙、铁、钠、钾、磷、碘等。老年人少食含盐较多的卤制、腌制食品，摄入过咸食物易诱发高血压、心脏病及水肿等疾病，正常食盐摄入量为 6g/d，心血管疾病者钠的摄入量在 5g/d 以下。老年人钙、铁消化、吸收能力下降，尤其是女性绝经后内分泌功能衰退，易引起骨质疏松、缺铁性贫血等疾病，应多摄入含钙、铁、磷等丰富的食物，多到户外活动，多食用含维生素 C 多的蔬菜和水果，有利于铁、钙的的吸收。含钙高的食物有豆类、鱼虾、奶类及坚果，如花生、核桃等；含铁丰富的食物有黑木耳、海带、豆类、瘦肉、动物肝脏和血等；含锌较高的食物有肉类、肝脏、杏仁、花生等；含碘较高的食物有碘化食盐、海带等海产品。

5. 维生素　维生素是机体某些辅酶的主要成分，对维持老年人健康、促进食欲、增强抵抗力、延缓衰老具有重要作用。蔬菜和水果富含维生素 C 和膳食纤维，对老年人有较好的通便作用。老年人应多摄入新鲜蔬菜、瓜果,制作成菜泥、瓜果泥、菜汁等。含维生素 A 及维生素 B_2 多的食物有蛋、鱼、豆类和瘦肉等。老年人摄入的膳食纤维量为 30g/d。

6. 水 老年人随着年龄的增长,体内含水量逐渐减少,一般饮水量约 1500ml/d。老年人由于心、肾功能下降,过多饮水增加心、肾负担,因此,饮水应适量。正确的饮水方法应是少量多次,避免一次大量饮水。清晨饮适量开水,有利于刺激食欲、促进循环。饮食中适当增加汤等食物,有助于消化与补充水分。

重点提示

老年人机体器官老化、功能衰退,对各种营养素的需求与其他人群不同;老年人户外活动及运动量少,基础代谢降低,热能消耗减少,脂肪组织增多,因此,老年人饮食中所含的营养素应做到种类齐全、数量适宜、比例适当、达到平衡。

三、老年人的饮食护理

1. 进餐前环境准备 老年人饮食环境要清洁卫生、轻松愉快、宽敞优美、空气新鲜为原则。饭前 30min 移去便器、清除污染物、开窗通风,消除异味。进餐前摆好桌布、饭菜、围好餐巾;不能下床者,床上放置跨床小桌。注意饭桌大小高低、食具选择及周边环境卫生。

2. 进餐时护理

(1)一般护理:老年人最好与家人一起进餐,以增进食量。餐前协助老年人洗手、漱口,向老年人介绍食品;老年人唾液分泌减少,在进餐前饮少量水可湿润口腔,以增加食欲。鼓励老年人自行进食,老年人进食时要采取舒适的姿势,最好取坐位。不能下床的老年人取坐位或半坐位,卧床者可取侧卧或仰卧位(头转向一侧)。

(2)特殊护理:①对进餐不能自理的老年人,要协助喂食,注意进食速度与食物温度;②对不能经口进食的老年人可采取鼻饲法或全肠道外营养等,利用各种渠道输送食物和营养,以保证老年人营养供给;③对于视力障碍的老年人,向其说明餐桌上食物种类和位置,帮助其用手触摸以便确认,注意安全,鱼刺要剔除干净,提醒老年人注意热汤、热茶,以免烫伤。

3. 健康教育 根据老年人的生理特点,指导老年人养成定时定量、少量多餐的良好饮食习惯。避免暴饮暴食或过饥过饱,膳食内容不宜改变过快。因为老年人肝贮存肝糖原的能力较差,对低血糖的耐受能力差,容易饥饿,在餐前 1~3h 或餐后 1h 可适当食水果。晚餐不宜过饱,以免影响睡眠。同时,要注意照顾到个人爱好。

四、老年人的饮食营养注意事项

1. 注意控制饮食热量与脂肪量 饮食热量适应活动量需要就可,不宜过高,尤其提供热量的主食不宜吃得太多,少吃糖类食品。少吃脂肪高的食品,尤其少吃动物脂肪。

2. 注意蛋白质选择与量的控制 选择优质蛋白食物,如乳、蛋、鱼、肉,每日摄入蛋白总量不宜过高,过高会增加肾的负担。少吃含胆固醇高的食物。

3. 注意微量元素与维生素的补充 多食含钙、铁、维生素 A、胡萝卜素、B 族维生素和维生素 C 多的食物,若缺乏可用药物补充。不宜吃盐过多。

4. 注意膳食纤维摄入与水的补充　膳食纤维的摄入不易过少，多吃蔬菜、水果，注意粗细粮搭配食用。少饮酒，适量饮茶，饮用适量水分。

5. 注意饮食习惯　每餐不宜吃得过饱、尤其睡前，应少量多餐。避免暴饮暴食和食用生冷、不易消化与吸收的食物。

重点提示

老年人进食应注意"三低、三高、三定、八进"。三低，即低脂肪、低热量、低盐；三高，即高蛋白、高不饱和脂肪酸、高维生素；三定，即定时、定量、定质；八进即进食宜早、进食宜缓、进食宜少、进食宜淡、进食宜暖、进食宜软、进食宜洁、进食宜全。

第三节　环境与生活方式

案例分析

患者，男，70岁，丧偶，子女均在外地工作，自己一人独居生活，一年前在家中浴室洗澡，不慎滑倒，造成一侧下肢骨折，行走不便；半年前患前列腺增生，近2d出现夜间排尿次数增多、排尿困难、尿不尽、自觉腹部胀痛难忍，到医院就诊。

请分析：根据现有资料，考虑老年人出现了什么问题？其原因是什么？应如何对其进行生活护理？

一、环境的调整及安排

人的生活环境与人的身体健康有着密切的关系，老年人离退休后外出减少，多在居住的环境中生活。居室的环境、设施及室外环境直接影响着老年人的生活安全和生存质量。应该从老年人的心理和生理方面出发，营造一个有益于老年人身心健康的环境。

（一）老年人居室环境设置原则

老年人的居室环境设置要从"健康、便利、整洁、安全"四个方面来考虑，要注意排除妨碍老年人生活行为的因素，尽可能为老年人提供接触社会、大自然的机会，提高老年人的生活功能。

（二）老年人居室环境设施要求

1. 室内设备要求　老年人行动不方便，居室家具、装饰物品宜少而够用，选择沉稳不易移动、无棱角的家具，沙发不宜过软。室内要有冷暖设备，以方便调节适宜老年人生活的温度和湿度。床铺要注意软硬适宜，床不可过高，以40~45cm为宜，要便于老年人上下床及活动，必要时配活动床栏。床旁配备床头柜、呼叫器、床头灯，便于老年人卧床时使用。居室密封要严，隔音要好。

2. 室内环境要求

（1）老年人居住环境：应阳光充足，空气新鲜；绿化、安全、便利；房间整洁、安静、舒适；卧室温度保持在22~24℃,相对湿度50%~60%。

(2)居室用色要“温暖”:老年人居室用色应用温暖色彩,避免用过亮或过暗的颜色,这样不利于老年人的身心健康。

(3)照明要“柔和”:老年人一般视力不好,起夜较勤,夜里突然受强光的刺激会产生眩晕感,而太弱的光线又使物体产生模糊感,所以安装在老年人居室的灯光强弱要适中,应保持适当的夜间照明。

重点提示

老年人居室环境要求:阳光充足,空气新鲜、流通;房间整洁、安静、舒适;卧室温度保持在22~24℃,相对湿度在50%~60%为宜。

3. 厕所与浴室　厕所与浴室是老年人使用频率较高而又容易发生意外的生活场所,因此设计必须适合不同老年人的需要。浴盆安装应较低,浴盆旁边安装扶手,浴盆底部放置橡胶垫防滑;沐浴时浴室温度保持在22~26℃,避免温度过高而影响呼吸,安装排风扇排出蒸汽;下水道应排水通畅,地面无积水,注意防滑安全。厕所要设在卧室附近,宜用坐式便器,高度45cm左右,便器旁要有扶手、呼叫器等;卧室到厕所之间地面不要有台阶。

二、老年人的生活方式

老年人的生活多以家庭为主,没有上班时的严格时间观念,因此易发生生活规律紊乱,从而影响老年人身体健康、精神状态和生活质量。

1. 影响老年人生活方式的因素

(1)老年人的生活经历和生活习惯。

(2)老年人的身体与心理健康状况。

(3)老年人的家庭居住环境与社区环境。

(4)老年人的社会交往与社会活动情况。

2. 老年人生活方式的护理

(1)协助老年人安排日常的生活:护理人员要协助老年人安排适宜的、舒适的、多样化的日常生活。在护理工作过程中应注意以下几点:①尊重老年人的生活习惯;②帮助老年人建立和维持适合身体健康状况的生活节律;③协助老年人尽可能建立生活自理能力;④为老年人创造丰富多样化的生活;⑤确保老年人生活舒心与安全。

(2)建立科学健康的生活方式:不良的生活方式对老年人身体健康有很大的影响,因此,老年人要养成科学、文明、健康的生活方式与习惯。世界卫生组织把老年人的科学生活方式归纳为科学饮食、情绪平稳、戒烟限酒、适当运动。若老年人能按此去做,其心脑血管病和糖尿病的发病率可下降69%~75%,老年常见病减少50%左右。

三、老年人生活的清洁与衣着护理

(一)老年人生活的清洁护理

1. 老年人的皮肤清洁与保护　做到定期洗澡、洗头,避免用碱性肥皂洗。老年人洗澡或洗脸后,可涂些甘油溶液或润肤油脂保护皮肤,使皮肤的老化速度延缓;避免高温、寒冷及衣物对皮肤的刺激;经常进行老年人自我按摩的皮肤。洗澡是清洁皮肤最好的方法。建议老年人冬季每周沐浴2次,夏季每天温水洗浴。凡能生活自理、自行洗澡的老年人可协助采用盆浴或淋浴;对卧床及生活不能自理的老年人,护理人员或家属要帮助擦浴。老年人沐浴应注意以下几点。

(1)洗澡时间不宜过长:长时间把全身浸泡在热水中会引起全身体表皮肤的血管扩张,皮肤血流量增多,使血液分布集中在体表,而脑组织的血流量相对减少,会引起头晕、目眩、胸闷晕厥等意外。尤其患有动脉血管硬化的老年人。沐浴时间以10~15min为宜。

(2)饭后不宜立即洗澡:饭后胃肠黏膜血管扩张,血液分布集中在内脏胃肠,而脑组织血流相对减少,老年人此时往往会有倦怠欲睡感,加上表皮血管扩张,若此时立即洗澡,会加重脑组织的供血不足,从而发生晕厥,所以老年人应在饭后1h后洗澡为宜,并应在洗热澡前渴一杯温开水。

(3)洗澡水不宜过热:老年人用热水淋浴,水温要适宜,建议沐浴的室温调节在22~26℃,水温40℃左右。有些老年人因为皮肤痒,往往用过热的水烫洗皮肤来止痒,这样会加重皮肤干燥,甚至诱发老年红皮病的发生。

(4)家中洗澡不宜锁住浴室门:老年人手脚不灵活,行动笨拙,在浴室洗澡时容易摔倒或晕厥,锁住浴室的门,发生意外不能及时得到救助。

(5)沐浴用的毛巾应柔软:防损伤皮肤。老年人皮肤干燥、萎缩变薄,用尼龙巾搓洗易损伤皮肤,引起毛囊炎、疖肿等感染性皮肤病。

(6)不宜空腹洗澡:用浴池时全身在热水中,因体表血管扩张,血液循环加速,体内新陈代谢增加、老年人在空腹尤其是饥饿时洗澡,会引起出汗过多、血糖及血压降低,表现为头晕、心慌、四肢软弱无力等现象。

(7)患慢性病的老年人不宜单独洗澡:患高血压、心脏病、糖尿病的老年人,洗澡时容易生意外、最好由专人陪护洗澡。

2. *老年人足部清洁*　定期修剪(趾)指甲及脚垫,在晚间热水泡脚后用磨石板去除过厚的角化层,再涂护足霜,避免足部皲裂。

3. *定期洗头*　老年人发质较脆弱、干枯、稀松易脱落,应做好头发的清洁和保养,可减少头发脱落,有条件者可根据自身发质选择洗发护用品。应定期洗头,干性头发每周清洗1次,油性头发每周清洗2次。对卧床不起的老年人应帮助其在床上洗发,使用充气式洗头盆或仰卧洗头盆,洗完后将头发擦干,并梳理好。

4. *做好口腔护理*　老年人应养成每天早晚清洁口腔的习惯,以防止口腔感染。根据老年人身体情况可选择不同的清洁口腔方法,如刷牙法、漱口法、棉棒擦拭法。对口腔牙齿没有缺失或缺失少的老年人采取刷牙法;对口腔牙齿缺失的老年人采取漱口法;对卧床不能生活自理的老年人采取漱口法或棉棒擦拭法。护理人员或家属要协助老年人清洁口腔。

(二)老年人的衣着护理

老年人的服装应符合老年人的个性,穿着以清洁、舒适、端庄、合体为原则。内衣应选用质地柔软、光滑、吸湿性强、透气性好、不刺激皮肤的棉织品、麻、丝织品;外衣随季节不同而各取所宜,如麻、丝织品宜做夏衣,毛织品宜做冬衣。衣着色彩选择柔和、不褪色。衣服的式样一般要求较为宽大,方便穿脱、不妨碍活动及便于变换体位,老年人应根据天气的变化及体质,及时增减衣服,夏季防暑、冬季注意下肢保暖。

重点提示

做好老年人皮肤护理,保持皮肤清洁,注重衣着美观与卫生,可增强老年人皮肤抵抗力,是日常生活护理不可缺少的内容,尤其对卧床不起的老年人更需要。

四、老年人生活的排泄护理

老年人随着泌尿系统及消化系统功能逐渐减退或疾病导致排泄功能异常、自理能力降低,出现夜尿、尿频、尿急、尿潴留、腹泻、便秘、大小便失禁等现象。护理人员应妥善处理,要体谅老年人,尽力给予帮助。

(一)老年人的排尿护理

1. 对于生活能自理的老年人　合理安排饮食、饮水的量和时间,白天可多饮水,晚餐后应限制饮水,睡前排空膀胱,以减少夜尿。夜间宜在床边排尿,避免意外。

2. 对于生活不能自理的卧床老年人　护理人员或家人协助床上排尿,并提供隐蔽的排尿环境。尿失禁是老年人最常见的病症,对此应找出原因,针对原因采取行为治疗、使用护垫或外部引流、做好老年人心理和皮肤护理。

3. 对于出现排尿困难或尿潴留的老年人　检查其原因,采取相应的护理措施(如流水声诱导排尿、用手按摩下腹部、下腹部热敷、导尿等解除排尿困难。

重点提示

尿失禁是老年人最常见的病症,应找出其病因,针对病因采取行为治疗、使用护垫或外部引流,同时做好老年人心理和皮肤护理,以解除老年人尿失禁的痛苦。

(二)老年人的排便护理

1. 对于生活能自理的老年人　指导其养成良好的生活习惯,尽可能自行排便。

2. 对生活不能自理的老年人　护理人员及家属应协助其排便。正常老年人排便宜取坐位,对于卧床老年病人,可根据身体病情采取排便体位,病情轻者使用移动坐便椅或坐厕椅,床边排便;病情较重者采取半卧位或抬高床头,在床上使用便器,有条件者使用带便器的床。

3. 对于有严重心脑血管疾病的老年人　在排便时可备硝酸甘油、氧气等急救物品,以防发生意外。老年人应养成健康排便的习惯。

促使老年人养成健康排便的措施如下。

(1)坚持参加锻炼:经调查 60 岁以上老年人,年老体弱、极少行走者便秘的发生率占 15.4%,而坚持锻炼者便秘的发生率为 0.21%,因此,鼓励老年人参加力所能及的运动,如散步、走路。也可通过每日双手按摩腹部数次,增强胃肠蠕动能力,以促进排便。对长期卧床病人应勤翻身,并进行环形按摩腹部或热敷。

(2)培养良好的排便习惯:帮助老年人建立定时排便,养成良好的排便习惯。可练习每晨排便一次,以形成条件反射。营造安静、舒适的环境,选择坐式便器。

(3)合理饮食:老年人应多吃含粗纤维的粮食和蔬菜、瓜果、豆类食物。多饮水、每日至少饮水1500ml,尤其是每日晨起或饭前饮一杯温开水,可预防便秘。此外,应食用一些具有润肠通便作用的食物,如黑芝麻、蜂蜜、香蕉等。

(4)不滥用泻药:防止或避免使用引起便秘的药品,积极治疗全身性及肛周疾病;调整心理状态,良好的心理状态有助于建立正常排便反射。

重点提示

老年人坚持活动锻炼、做到合理饮食、养成良好的排便习惯可以防止便秘。

第四节　安全与活动锻炼

案例分析

患者,男,71岁,退休工人,平时身体健康,喜爱运动,每天跑步和跳健身舞,但是近来偶尔感到膝关节疼痛,他想通过锻炼膝关节来解除疼痛,并采用跳台阶的方式来进行训练,可是一脚踏空,不慎跌倒,左手着地,手腕立即变形,并且疼痛难忍,并急送医院诊治,诊断为手腕处桡骨骨折,经过住院治疗,2周后回家休养。

请分析:该老年人运动方式对吗?作为一名护理人员,你如何对这位老年人进行运动指导?

一、老年人的安全防护

安全是老年人生活和心理的需要。老年人随着各脏器功能的衰退,如出现听力减退、目眩、语言障碍、行动缓慢、骨质疏松、消化能力差及抵抗力差等。老年人生理性、病理性改变所引起的不安全因素会严重威胁老年人的身体健康,甚至生命。因此,做好老年人的安全防护非常重要。

1. *老年人日常生活安全防护*　老年人日常生活中常见的安全问题有跌倒、噎呛、误吸、烫伤、坠床、服错药、心理伤害、交叉感染等。通过加强老年人日常生活起居安全管理;对老年人进行相关心理疏导;老年人起居动作做到轻缓;行走要给予帮助;外出最好有人陪护;家具要实用、无棱角;注意生活起居环境安全,可防止安全问题的发生(参见第2章、第3章、第6章、第7章),以保证老年人的安全。

2. *老年人社区安全防护*　社区是老年人生活和活动的主要场所,老年人的预防、保健、治疗、康复等照护都在社区进行,因此,社区也是老年人的主要安全防护场所之一。

(1)加强老年人的安全教育:老年人由于身体各器官功能衰退,机体调节能力逐步降低,日常生活自理能力逐渐下降,如动作不协调、行动不稳、易发生跌倒等危险。社区护理人员应根据老年人的需求,做好安全教育,进行安全指导。同时,做好老年人照顾者的安全知识培训,防止各种不安全事件的发生,确保社区及家庭老年人的安全。

(2)营造安全的社区环境:社区内宜采用人车分流,道路宽阔并设置路灯,有台阶的地方设置明显标志,以防老年人视力减退而导致跌倒。避免噪声和空气的污染,为老年人营造一个整洁、舒适、安全、健康的社区生活环境。

(3)建立良好的邻里关系:如果社区邻里之间关系陌生,往往老年人在面临意外事件时得不到救助,社区的老年人之间应相互交流,多沟通,互通信息、互相关心,有困互助、加强了解,建立良好的邻里关系。

二、老年人的活动锻炼

老年人通过活动与自然环境、社会环境接触,增进老年人与群体之间的互动,从而增加老年人生活情趣、提高自我满意程度和生活质量,因此,评估老年人活动能力、选择适合老年人的活动方式、协助老年人活动是日常生活护理中的一项重要内容。

(一)老年人的活动种类和强度

1. *老年人活动的种类* 老年人的活动种类有4种:日常生活活动、职业活动、娱乐活动、运动锻炼。其中日常生活活动是最基本的活动,如洗衣服、沐浴、打扫房间、栽花、养鸟等;职业活动是属于发挥余热,实现自身价值的有益活动;娱乐活动可使人快乐、促进老年人身心健康,如琴棋书画、唱歌跳舞等;运动锻炼是指体育运动,如步行、体操、跳舞、太极拳等。各种活动锻炼既可以促进老年人各系统功能,又可提高自信心和自我认同感。

2. *老年人的活动强度* 反映老年人机体活动强度的指标为活动时的最高心率。通过监测心率情况来控制活动量,即活动后适宜心率(次/分)= 170-年龄;身体健壮者可用活动后最宜心率(次/分)= 180-年龄。此外,老年人的活动强度还要根据个人身体状态及活动能力来选择。不同年龄老年人活动后的心率见表4-1。

表4-1 不同年龄老年人活动强度

年龄(岁) 活动时的心率	60~64	65~69	70~79	80~84	85以上
适宜心率(次/分)	90~112	93~109	87~102	84~94	81~95
极限心率(次/分)	150	145	140	130	125

(二)老年人活动锻炼的意义

为老年人选择适宜的活动方式,协助老年人安全、自主地活动锻炼,是日常生活护理的一项重要工作。其意义有以下几点。

1. *促使神经系统兴奋* 活动使身体肌肉活动,可刺激神经系统调节大脑皮质的兴奋性,并增加神经细胞的供氧量,有助于休息、睡眠和解除大脑疲劳。

2. *增加血液循环* 活动锻炼可促进机体血液循环,心排血量增加,改善心肌缺氧状况。同时促进脂肪代谢,降低血中胆固醇含量,预防和延缓老年人心血管疾病的发生和发展。

3. *提高肺活量* 活动可提高胸廓活动度,改善肺功能,改善机体组织、器官供氧量。

4. 增强消化代谢功能　活动可促进胃肠蠕动，消化液分泌增加，有利于消化和吸收，预防便秘；促进新陈代谢，防治糖尿病；改善肝、肾功能。

5. 提高肌耐力与骨密度　活动使老年人肌肉运动耐力和灵活性增加、骨质密度增厚，防止骨质疏松，改善关节灵活性，预防老年性关节炎的发生。

6. 提高机体的免疫功能　活动还可提高老年人生活热情、保持好的心情、提高机体免疫功能，增强身体抵抗能力，预防疾病的发生。

重点提示

老年人进行适宜的活动锻炼对机体各个系统的功能均有促进作用，有利于改善智能和体能，预防身体产生疾病，并且对多种慢性病有辅助治疗作用。

（三）老年人的运动处方

运动处方是医护工作者对从事体育锻炼者或病人，依据身体健康状况，用处方的形式规定其运动种类、运动强度、运动频率和运动时间，并提出运动中的注意事项。老年人的运动处方是护理人员指导老年人有目的、有计划和科学地进行运动锻炼的一种方法。运动处方的制定应从以下几方面考虑。

1. 运动种类　根据老年人的身体状况选择适宜的运动项目，如散步、慢跑、游泳、跳舞、太极拳、气功及上下楼梯等。

2. 运动强度　老年人运动强度为最大耗氧量的60%～80%。最大心肌耗氧量≈动脉收缩压×心率。若运动强度过小，达不到锻炼效果；运动强度过大会发生机体损伤。因此，医护人员应在评估老年人运动能力的基础上，逐渐增加运动强度，为老年人选择适宜的运动强度。各种活动锻炼以肌肉不痛、人不感到疲劳为宜。

3. 运动时间及频率　老年人应坚持每天锻炼1～2次，每周3～4d，每日运动总时间不超过2h，每次持续20～30min为宜。每天最佳运动时间为9:00～11:00和15:00～17:00。老年人运动应避免时间太长、运动过频，以免太劳累；要注意避免早晨锻炼，早晨空气寒冷，易诱发呼吸系统和循环系统疾病。

4. 自我运动监护　监测运动后心率是自我运动监护最简易的办法。运动后最适宜心率(/min)＝170－年龄（见表4-1）。正确运动时心率计算是运动后10s内即刻心率乘以6，而不是测量1min，否则会影响结果。运动后心率监测与自我感觉相结合进行综合判断，才是科学的自我运动监护方法（详见表4-2）。

（四）老年人运动的注意事项

1. 安全第一　老年人因体力和协调功能衰退，视、听功能减弱，对外界的适应能力降低，易发生意外，故参与活动时首先要考虑安全。老年人可根据自己的年龄、体质、场地条件来选择适当的活动项目。避免危险性活动项目，活动强度不宜太大，动作要简单、舒缓。运动前、后均需5～10min的热身和整理活动，防止发生心血管系统和骨关节损伤。

2. 循序渐进　机体对活动有一个逐步适应的过程，因此，老年人活动要有目的、有计划、有步骤地进行科学锻炼。动作由简单到复杂、活动量由小到大，由慢到快，活动时间应逐渐延长;注意老年人进行新的活动内容时,应评估老年人对此项活动的耐受能力。

表 4-2 运动自我监护

活动量判定	是否达到最适宜心率	运动后心率恢复时间	自我感觉	活动量制定
偏小	否	<3min	身体不发热、无出汗,脉搏次数不增加或不多	增加活动强度
适宜	是	3~5min	全身有热感或微出汗,活动后自感轻松、精神食欲佳、睡眠良好	活动强度不变
偏大	是	>10min	活动后自感疲乏、头晕、胸闷、心悸、气促、睡眠不良、食欲减退	减少活动强度
过大	超适宜心率	>10min	活动后自感胸闷、气喘、心率减慢、心绞痛、心律失常等	应立即停止活动,及时就医

3. *持之以恒* 老年人运动锻炼需要做到持之以恒,才能达到增强体质、防治疾病的目的。

4. *场地合适* 老年人运动尽可能选择空气新鲜、宽敞、安静清幽的庭院、操场、公园、海滨、树林、疗养院等场所进行锻炼。

5. *运动禁忌* 发热、感冒、自觉疲劳、失眠、头晕、疾病急性期等身体不适情况下应停止运动锻炼。空腹或饭后不宜立即活动,易引起心律失常,甚至猝死。

6. *注意气候* 老年人对气候的适应调节能力较差,夏季防中暑,冬季防跌倒和受凉。

重点提示

老年人活动以安全第一、循序渐进、持之以恒、适度和加强自我监护为原则。

(五)患病老年人的活动指导

老年人常因疾病而导致活动障碍,尤其是卧床不起的老年人,若长期不活动易导致失用性萎缩等并发症,因此,应帮助各种患病老年人进行活动,以维持和增强其日常生活的自理能力,提高其生存质量。

1. *瘫痪老年人的活动指导* 瘫痪老年人应借助助行器、多脚手杖等辅助器具进行训练。以先易后难、先大关节后小关节、先粗略活动后精细活动、先被动运动后主动运动为原则,预防老年人坠床和跌倒。

2. *痴呆老年人的活动指导* 指导痴呆老年人进行简单的劳动,鼓励其参加社交活动,协助日常生活的自理与肢体的被动运动,可延缓病情的发展。

3. *为治疗而采取制动状态老年人的活动指导* 制动状态很容易导致老年人肌肉萎缩等并发症,因此,在不影响治疗的同时,尽可能让病人做肢体的被动运动或按摩等。

4. *无力、不愿甚至害怕活动的老年人活动指导* 对这类老年人进行运动教育,说明活动的重要性,让其理解“生命在于运动”的真理,鼓励参与活动计划的制订,协助此类老年人达到自我照顾的目标。

第五节 性需求与性保健

马斯洛关于人的需要理论中指出：性是人们如同空气、食物般的基本需要，人们还可通过性生活的满足达到爱与被爱、尊重与被尊重等较高层次的需要。

一、老年人的性需求

经研究观察，60～94岁的老年人中，15%的老年人在60岁以后还有性欲，并且能进行性生活。适度、和谐的性生活对于老年夫妻双方生理与心理健康都是有益的。

二、老年人的性保健

（一）一般老年人的性保健

1. *开展性健康教育* 老年人在性活动过程中避免突然直立，防止低血压造成眩晕或晕厥。老年人胃肠蠕动和排空减慢，易出现便秘等消化系统问题，不宜在饱食后立即性生活。老年人由于神经传导功能衰退，反射迟钝，性兴奋过程比较缓慢。

2. *鼓励伴侣间的沟通* 鼓励和促进老年人与其配偶之间，经常进行性沟通与交流。

（二）患病老年人的性保健

1. 呼吸功能不良的老年人，过度激烈的运动易发生呼吸困难，性生活应选择在治疗后。可采取侧位或坐位，有利于保持呼吸的平稳。

2. 患心脏病的老年人，应避免过度紧张和剧烈的运动。老年人性生活过度兴奋会增加心脏负担，发生意外。若性交时或性交后出现心悸、胸闷、心前区疼痛等提示有可能发生心肌损伤，需暂停性生活，并及时求医。如有心肌缺血者，可在性活动前15～30min服用硝酸甘油，以达到预防效果。

3. 糖尿病患者可适当使用药物或润滑剂等减轻疼痛；关节炎患者通过改变姿势、服用镇痛药等方法减轻不适或性生活前30min泡热水澡，使关节肌肉放松。

讨论与思考

1. 李大爷，65岁，自5年前退休后，生活不再像退休前那样规律，很少出去运动，经常打麻将到深夜，晚上睡觉很晚。为弥补夜间睡眠不足，早晨10点钟左右才起床。近半年来，夜间睡眠时间变少，梦多，早晨早醒，每日睡眠时间不足6h。白天全身乏力，昏沉打瞌睡，可睡在床上又睡不着。到医院检查显示身体无器质性病变和神经衰弱功能性病变。

问题：

（1）你判断李大爷的睡眠状况可能与哪些因素有关？

（2）你作为一名护士，采用哪些护理措施可有效改善李大爷的睡眠状况？

2. 王奶奶，70岁，平日不喜欢吃水果、蔬菜，喜欢吃肥肉和油炸食品，且有烟酒嗜好、睡眠不规律、不愿运动。

问题：

（1）王奶奶的生活方式健康吗？为什么？

（2）作为一名护士，你如何为王奶奶制定出科学健康的生活方式？

(3)作为一名护士,如何为老年人设计营养餐?

3. 刘大娘,71岁,2个月前跌倒后发生股骨颈骨折,一直卧床休息,生活不能自理。

问题:

(1)你怎样为刘大娘进行皮肤清洁与排便护理?

(2)如何指导病人运动,使其尽快康复?

(生加云)

第 5 章

老年人的安全用药与护理

学习要点

1. 老年人药动学和药效学特点
2. 老年人常见的药物不良反应及用药原则
3. 老年人安全用药的指导及护理

老年人通常患有多种疾病，治疗中应用药物种类较多，发生药物的不良反应较青壮年高2~3倍，加之老年人各脏器的组织结构和生理功能逐渐出现退行性改变，肝、肾功能减退，容易发生药物中毒和药物的不良反应。因此，老年人的安全用药与护理显得尤为重要。

第一节 概 述

案例分析

赵某，男，66岁，患有高血压病5年，糖尿病2年，服用依那普利、螺内酯等降压药，同时注射胰岛素治疗。在使用胰岛素的过程中，虽然严格按照患者血糖和尿糖水平调整胰岛素的用量，患者也遵医嘱控制饮食，但仍有低血糖发生。

请分析：老年患者更易发生药物不良反应的主要原因是什么？老年人药动学及药效学有哪些特点？

一、老年人药动学特点

老年人药动学是研究药物在老年人体内的吸收、分布、代谢和排泄过程及药物浓度随时间变化规律的科学。由于老年人生理功能的改变，其药动学的特点随之也发生了改变。老年人药动学改变的特点为：药动学过程减慢，绝大多数药物的被动转运吸收不变而主动转运吸收减少，药物代谢能力减弱，排泄功能降低，血药浓度增高。

(一)药物的吸收

药物的吸收是指药物从给药部位进入血液循环的过程。大多数药物都通过口服给药,经胃肠道吸收后进入血液循环,到达靶器官而发挥效应,因此,胃肠道环境或功能的改变可能对药物的吸收产生影响。影响老年人胃肠道药物吸收的因素有以下几点。

1. *胃肠液pH升高* 胃肠液pH决定药物在胃肠道中的解离程度。酸性药物在酸性环境下,解离度小,吸收多。碱性药物在碱性环境下,解离度小,吸收多。老年人胃黏膜萎缩,胃壁细胞功能下降,胃酸分泌减少,使胃液pH升高,影响到药物离子化程度。如弱酸性药物阿司匹林、磺胺类药物在正常胃酸情况下,在胃内不易解离,吸收良好;当胃酸缺乏时,其离子化程度增大,使药物在胃中吸收减少,影响药效。苯巴比妥、地高辛的吸收速率因胃液pH升高而减慢,从而起效慢。

2. *胃排空减慢* 老年人胃肌萎缩,胃肠蠕动减慢,使胃排空速度减慢,延迟药物到达小肠的时间,使药物的吸收速率降低,吸收延缓,有效血药浓度到达的时间推迟,特别对在小肠远端吸收的药物或肠溶片有较大的影响。

3. *肠蠕动减慢* 老年人肠蠕动减慢,肠内容物在肠道内移动时间延长,药物与肠道表面接触时间延长,使药物吸收增加。但小肠的上皮细胞数目减少、胆汁和消化酶分泌减少等因素都可影响药物的吸收。

4. *胃肠道和肝血流减少* 胃肠道血流量减少,使溶解与弥散不良的药物吸收减少,药物浓度峰值降低,作用延迟或降低。同时由于胃液量和肠液量的减少,使难溶性的药物,如氨苄西林、甲苯磺丁脲等的吸收减少。肝血流量减少使药物首关效应减弱,对某些首关效应明显的药物(如普萘洛尔)消除减慢,使其血药浓度升高。

(二)药物的分布

药物的分布是指药物吸收进入体循环后向各组织器官及体液转运的过程。老年人生理功能的衰退会影响药物的分布。

1. 器官血流量:老年人血流量的减少可影响药物到达某一机体器官的浓度,从而降低某些药物的效应。

2. 血浆蛋白浓度:血浆蛋白的浓度随着老年人年龄的增长而降低,因而药物与血浆蛋白的结合率降低。应用两种以上药物时,由于药物之间竞争血浆蛋白结合点而产生的竞争性抑制作用,可使某一药物的血浆游离药物浓度增加,因此产生药物毒性的危险性也增加。

3. 机体组织成分:老年人脂肪组织增加,机体含水总量及非脂肪组织减少,细胞内液也相对减少。因此脂溶性药物如吗啡、地西泮等,在老年人的组织细胞内分布的浓度增高,体内药物维持的时间也延长。但对于水溶性药物,如阿司匹林,由于在脂肪组织中分布较少,因而血浆浓度较高,即使是常用剂量,也可能产生药物蓄积中毒。

4. 老年人血-脑脊液屏障的通透性也随着衰老而增加,使得更多药物进入脑脊液,致使毒性作用增强。

(三)药物的代谢

药物的代谢是指药物在体内发生化学变化,又称生物转化。肝是药物代谢的主要器官,老年人肝血流量和细胞量比成年人降低40%~65%,对药物的代谢速度只有年轻人的65%,因此,药物代谢速度减慢,半衰期延长,药物作用增强,易造成某些主要经肝代谢的药物蓄积,如普萘洛尔、氯丙嗪、利多卡因、苯巴比妥、阿司匹林、保泰松等。因此,老年人应用这些药物时,应注意减量或延长药物应用的间隔时间。

老年人肝代谢药物能力的改变不能采用一般的肝功能检查来预测，这是因为肝功能正常不一定说明肝代谢药物的能力正常。一般认为，血药浓度可反映药物作用强度，血浆半衰期可作为预测药物作用和用药剂量的指征。

（四）药物的排泄

药物的排泄是指药物在体内经吸收、分布、代谢后，最后以药物原型或其代谢物的形式通过排泄器官或分泌器官排出体外的过程，肾是最主要的排泄器官。老年人随着年龄的增长，肾小球滤过率和肾血流量都会有所降低，40岁以后的肾血流量每年减少1.5%～1.9%，65岁时肾血流量为年轻人的40%～50%，80岁时，肾小球滤过率一般仅为60～70ml/min，约比年轻人下降46%；老年人的内生肌酐清除率（Ccr）也比中青年人明显减低，表现为药物的血浆半衰期延长，清除率低。因此，老年人使用经肾排泄的常用量药物时，应注意适当减少用药剂量，延长给药间隔，如使用地高辛、氨基糖苷类药、磺胺类等药物时应慎重。老年人如有失水、低血压、心力衰竭或其他病变时，可引起肾功能损害，故用药更应小心，最好能监测血药浓度。

重点提示

老年药动学改变的特点：药动学过程降低，绝大多数药物的被动转运吸收不变、主动转运吸收减少，药物代谢能力减弱，排泄功能降低，血药浓度增高。

二、老年人药效学特点

老年人药效学是研究药物的效应及其作用机制，以及药物剂量与效应之间的规律的科学。老年药效学发生改变是因为机体效应器官对药物的反应随年龄增长而发生的改变。老年人药效学的改变特点包括：对大多数药物的敏感性增高、作用增强，对少数药物的敏感性减低，药物耐受性下降，药物不良反应发生增加，用药依从性降低。

（一）对药物的敏感性发生改变

1. 对大多数药物的敏感性增高、作用增强　如吗啡、地西泮、替马西泮、地尔硫䓬、非洛地平、左旋多巴、沙丁胺醇等药效增强。

2. 对少数药物的敏感性降低　如多巴胺、异丙肾上腺素、异丙托溴铵、布美他尼、甲苯磺丁脲等药效降低。

（二）对药物的耐受性降低

1. 多药合用耐受性明显下降　老年人单一用药或少数药物合用的耐受性较多药合用为好，如利尿药、镇静药、安定药各一种并分别服用，耐受性较好，能各自发挥预期疗效。但若同时合用，则病人不能耐受，易出现直立性低血压。

2. 对易引起缺氧的药物耐受性差　因为老年人呼吸系统、循环系统功能降低，应尽量避免使用这类药物。如哌替啶对呼吸有抑制作用，禁用于患有慢性阻塞性肺气肿、支气管哮喘、肺源性心脏病等的病人，老年病人慎用。

3. 对排泄慢或易引起电解质失调的药物耐受性下降　老年人由于肾调节功能和酸碱代

偿能力较差,对于排泄慢或易引起电解质失调的药物的耐受性下降,故药物使用剂量宜小,间隔时间宜长,还应注意检查药物的肌酐清除率。

4. 对肝有损害的药物耐受性降低　老年人肝功能下降,对利福平及异烟肼等损害肝的药物耐受力下降。

5. 对胰岛素和葡萄糖耐受力降低　由于老年人大脑耐受低血糖的能力较差,易发生低血糖昏迷。

(三)药物不良反应发生率增加

老年人由于药动学的改变,各系统、器官功能及代偿能力逐渐衰退,机体耐受性降低,对药物的敏感性发生变化,药物不良反应发生率增高。

重点提示

老年人的药效学特点:起效慢,药效增强,耐受性差,消除慢,易发生不良反应,用药依从性降低。

三、老年人常见药物不良反应

药物不良反应是指在常规用量情况下,由于药物或药物相互作用而发生意外、与防治目的无关的、不利或有害反应,包括药物不良反应、毒性作用、依赖性、变态反应、继发反应、致畸性、致癌、致突变和特异性遗传素质等。老年人对药物常用剂量和药物间相互作用的敏感性增加,药物不良反应发生率随年龄的增长而增高。

1. 直立性低血压　老年人血管运动中枢的调节功能减弱,压力感受器发生功能障碍,即使没有药物的影响,也会因为体位的突然改变而产生头晕。当使用降压药、三环抗抑郁药、利尿药、血管扩张药时,更容易发生直立性低血压,因此,在使用这些药时应特别谨慎。

2. 精神症状　中枢神经系统、尤其大脑最易受药物作用的影响。老年人中枢神经系统对某些药物的敏感性增高,可引起精神错乱、抑郁和痴呆等。老年人使用中枢性抗胆碱药苯海索,即使小剂量也会发生精神错乱。如洋地黄类药、吩噻嗪类药、吲哚美辛、皮质激素、甲基多巴、利舍平等,均可引起抑郁症。使用中枢性抗胆碱药左旋多巴或金刚烷胺,可引起大脑兴奋,加重痴呆症状。

3. 耳毒性　老年人由于内耳毛细胞数目减少,听力有所下降,易受药物的影响,而产生前庭症状和听力减退,甚至永久性聋。年老体弱者应用氨基糖苷类抗生素和多黏菌素可致第Ⅷ对脑神经损害,最好避免使用此类抗生素和其他影响内耳功能的药物。

4. 尿潴留　患有前列腺增生的老年人,使用呋塞米、依他尼酸等强效利尿药可引起尿潴留。使用阿托品、颠茄等抗胆碱药物时,也易引起尿潴留。三环抗抑郁药和抗帕金森病药有副交感神经阻滞作用,老年人使用这类药物可引起尿潴留,而伴有前列腺增生及膀胱颈纤维病变的老年人尤易发生,使用时,开始应以小剂量分次服用,然后逐渐加量。

5. 药物中毒　老年人各个重要器官的生理功能减退,肝、肾解毒功能也相应降低,因此,老年人用药容易中毒。在使用各类药物时,应密切观察有无不良反应的发生,并及时进行相应处理。

老年人药物不良反应发生率高的原因：老年人由于药动学的改变，各系统、器官功能及代偿能力逐渐衰退，机体耐受性降低，患病率上升，对药物的敏感性发生变化，药物不良反应发生率增高。

（1）老年人常患多种疾病，同时接受多种药物治疗，易产生药物的相互作用。

（2）老年人由于药动学的改变，各系统、器官功能及代偿能力逐渐衰退，使具有药理活性的代谢产物蓄积，易引起药物不良反应。在治疗药效欠佳时，若加大剂量，使老年药物不良反应发生率增高。此外，老年人机体内环境稳定性减退，中枢神经系统对某些药物特别敏感，镇静药易引起中枢过度抑制；老年人免疫功能下降，使药物变态反应发生率增加。

（3）滥用非处方药。有些老年人常因缺乏医药知识，擅自服用、滥用滋补药、保健药、抗衰老药和维生素，用药的次数和剂量不当，易产生药物不良反应。

第二节 老年人的安全用药与护理

案例分析

患者，男，68 岁。因反复发作上腹部疼痛 8 年，加重 3d 伴呕血、黑便入院。8 年前因饮食不当，逐渐出现上腹部疼痛，伴反酸、嗳气，多在餐后 1h 出现。曾诊断为“胃溃疡”，给予“雷尼替丁”“硫糖铝”等药物治疗，症状缓解。以后每于气候变化、饮食不当、劳累时有类似发作。患者平日自行服用多种胃药。

请分析：该怎样指导该患者安全用药？

一、老年人的用药原则

老年人随着年龄的增长，容易罹患多种慢性疾病，通常需要长期服药治疗。同时老年人由于机体的组织器官发生了不同程度的衰变，导致了机体对药物的吸收、分布、代谢、排泄等过程发生了改变，对药物的敏感性、耐受性也发生了变化，极易造成药物的蓄积中毒等不良反应。为保证老年人用药的安全和有效，应遵循以下用药原则。

（一）适应证原则

老年人用药应严格掌握用药指征。用药前根据老年人的特殊生理和病理因素，正确诊断，明确适应证，选择合理的药物，可用可不用的药物，以不用为好。如失眠、抑郁等可通过调整生活习惯、生活环境、人际关系等得到改善；老年性便秘，可通过多食含纤维素丰富的食物，加强腹肌锻炼等改善症状。

（二）个体化原则

老年人由于个体衰老受损程度的不同，对药物作用存在较大的个体差异。有的药应用普通剂量不生效，而有些药常用剂量却发生不良反应，因此，老年人用药要因人而异，用药种类和剂量，要遵循个体化原则。循证医学认为：个体化用药是临床安全、有效用药的基础，只有遵循个体化用药原则，才能有效避免和减少不良反应的发生。

(三)安全性原则

1. 掌握最宜剂量 老年人用药量在《中国药典》规定为成年人药量的3/4;一般开始用成年人药量的1/4~1/3,然后根据临床反应调整剂量,直至出现满意疗效而无药物不良反应为止。对高龄、体重较轻、一般情况较差的老年患者用药要遵循从"最小剂量"开始逐渐达到适宜于个体的最佳剂量,以确保用药安全。

2. 用药从简 许多老年人多病共存,往往需多药合用,要避免同时给予太多药物,药物品种要尽量简单,最好5种以下。应视病情轻重缓急先后论治,以减少药物的不良反应。据统计,同时用药5种以下者,药物不良反应发生率为6%~8%;同时用6~10种药物时,则不良反应发生率升至40%;同时用15~20种以上的药物时,不良反应发生率升至70%~80%。联合用药品种越多,药物不良反应发生的可能性越大。

3. 加强药物监测 在老年人出现的药物不良反应中,通过药物监测,有很多是可以预防的。如老年人服用地高辛、抗心律失常药、抗高血压药、抗糖尿病药和抗生素等,除密切监视药物不良反应外,还应定期做血药浓度监测或其他相关检查,如血压、心电图、电解质、血生化、肝肾功能等检查,以指导合理用药,尤其是治疗量和中毒量比较接近的药物。

4. 及时调整或停药 随时观察老年人用药后的病情变化及服药后的反应,及时调整、更换或停用药物。

(四)有效化原则

1. 掌握好用药最佳时间 不同药物均有各自的最佳吸收和作用时间,若能按此规律给药,可收到事半功倍的效果。如胰岛素在凌晨时给药,其疗效远大于其他时间给药。有些对胃肠道刺激较大的药物,如铁剂、某些抗生素等,放在饭后服用会减轻其对胃肠道的刺激。而一些健胃药物、抗酸药、解痉镇痛药物等,在饭前服用则会收到较好的疗效。降压药应在血压高峰前给药(一般早晨起床后到中午时为血压高峰期),不要在血压低谷前给药(一般晚上至早晨起床前为血压低谷期)。降糖药一般要求饭前30min给药,但有些如阿卡波糖等必须在进餐时给药。

2. 选择适宜的给药方法 老年病人需要长期用药时,尽可能口服给药。对吞咽困难,不能用片剂、胶囊剂的可改用液体剂型,必要时注射给药。老年人因胃肠道功能不稳定,所以尽量减少肠溶缓释片,避免因胃肠蠕动加速而吸收不充分,又因便秘而增加吸收产生毒性。

二、老年人的用药评估

1. 评估老年人服药的能力 包括视力、听力、阅读能力、理解能力、记忆力、吞咽能力、获取药物的能力、发现不良反应的能力。

2. 评估老年人的用药史 包括既往和现在的用药记录、药物的过敏史、引起不良反应的药物及老年人对药物的了解情况,建立完整的用药记录。

3. 评估各系统老化程度 评估老年人各脏器的功能情况,如肝、肾功能的生化指标及患病情况。肝、肾功能明显减退者,应避免使用损害肝、肾功能的药物。

4. 评估老年人心理、社会状况 了解老年人的文化程度、饮食习惯、家庭经济状况,对当前治疗方案和护理计划的了解、认识程度和满意度,家庭的支持情况,对药物有无依赖、期望、恐惧等心理。

三、老年人安全用药护理

随着年龄的增长，老年人记忆力减退，学习新事物的能力下降，对药物的治疗目的、服药时间、服药方法常不能正确理解，影响用药安全和药物治疗的效果。因此，指导老年人正确用药是护理人员的一项重要工作。

1. *密切观察药物不良反应*　在观察药物疗效的同时注意观察老年人用药后可能出现的不良反应，及时处理。如对使用降压药的老年病人，要注意提醒其直立、起床时动作要缓慢，避免直立性低血压。地高辛是临床常用的强心药，该药有效治疗的安全范围狭窄，治疗量与中毒量非常接近，个体差异亦较大，若服用不当，极易发生中毒反应，需密切观察有无恶心、呕吐等消化道反应、视觉障碍、神经系统症状及心脏反应。

2. *用药从小剂量开始*　用药一般从成年人剂量的1/4开始，逐渐增大至3/4，同时要注意个体差异，治疗过程中要求连续性的观察，一旦发现不良反应，及时协助医生处理。

3. *联合用药注意药物的相互作用*　药物的相互作用是指两种或两种以上的药物联用时，产生的有益（增强疗效或降低毒性）或者有害（降低疗效或增强毒性）的药物效应，联合用药需谨慎。如氨茶碱是治疗急、慢性哮喘及阻塞性肺病的常用药物，此药安全范围小。口服时，90%的药物由肝代谢，10%以原药从尿中排出，因此肝药酶在氨茶碱的代谢中起重要作用。西咪替丁能抑制肝药酶的活性，如果与氨茶碱合用，则使氨茶碱的代谢变慢，血药浓度升高2～3倍，两者联用时，氨茶碱的用量应减少，并注意血药浓度的监测，以防止氨茶碱中毒；而抗癫痫药苯巴比妥、苯妥英钠等能促进肝药酶的活性，如果与氨茶碱合用，则使氨茶碱的代谢变快，达不到治疗量。因此，联合用药一定要慎重。

4. *定期监测*　使用对骨髓、肝、肾、眼、耳等有损害的药物时，应注意血药浓度的监测，定期进行肝、肾功能的检查，便于早期发现不良反应或毒性反应，及时调整药量及种类。对长期服用某一种药物的老年人，也应注意监测血药浓度。

5. *提高老年人用药依从性*

（1）对住院、住公寓的老年人，护理人员应严格执行给药操作规程，按时将早晨空腹服、食前服、食时服、食后服、睡前服的药物分别送到病人床前，并照顾其服下。

（2）对独居的老年人，将一周需用的药物预先分放好，便于老年人服用，也可建立服用药品的日程表或备忘卡。独居老年人服药自理存在问题者则需加强社区护理干预。

（3）对于精神异常或不配合治疗的老年人，护理人员需协助和督促病人服药，并确定其是否将药物服下。

（4）对吞咽障碍的老年人，可通过鼻饲管给药。

（5）外用药物应与口服药分开放置。护理人员应详细说明，并告知家属，并在盒子外贴上红色标签，注明不可口服。

（6）帮助老年人保管药品，定期整理药柜，保留常用药和正在服用的药物，弃除过期变质的药品。

四、老年人安全用药健康指导

随着年龄的增长，老年人记忆力减退，学习新事物的能力下降，对药物的治疗目的、服药时间、服药方法常不能正确理解，影响用药安全和药物治疗的效果。因此，指导老年人正确用药是护理人员的一项重要服务。

1. 加强老年人用药的解释工作　护理人员要耐心向其解释药物的种类、名称、用药方式、药物剂量、药物作用、不良反应和期限等，必要时，以书面的方式，在药袋上用醒目的颜色标明用药的注意事项。此外，要反复强调正确服药的方法和意义。

2. 鼓励老年人首选非药物性措施　指导老年人如果能以其他方式缓解症状的，暂时不要用药，如失眠、便秘和疼痛等，应先采用非药物性的措施解决问题，将药物中毒的危险性降至最低。

3. 指导老年人不要滥用非处方药　一般健康老年人不需要服用滋补药、保健药、抗衰老药和维生素等。只要注意调节好日常饮食、注意营养、科学安排生活、保持平衡的心态，就可达到健康长寿的目的。对体弱多病的老年人，要在医生的指导下，辨证施治，恰当服用滋补药物。

4. 加强家属的安全用药知识教育　对老年人进行健康指导的同时，还要重视对其家属进行有关安全用药知识的教育，使他们学会正确协助和督促老年人用药，防止发生用药不当造成的意外。

重点提示

指导老年人如果能以其他方式缓解症状的，暂时不要用药，如失眠、便秘和疼痛等，应先采用非药物性的措施解决问题。

医药卫生人员及全社会都应关注老年朋友，让他们在病有所医的同时，做到合理用药，药到病除，安全、有效、经济地使用药物。

讨论与思考

1. 张大爷，63 岁，高血压病史 10 年，糖尿病病史 3 年。医嘱给予 3 种口服药。

问题：

(1) 你如何评估张大爷的用药情况？

(2) 怎样指导张大爷安全用药？

2. 王大妈，68 岁，患原发性高血压、糖尿病多年，遵医嘱口服波依定及注射胰岛素进行治疗。

问题：

(1) 王大妈有可能会出现哪些药物的不良反应？

(2) 怎样进行预防性护理？

（于志云）

第6章

老年人常见的健康问题与护理

学习要点

1. 老年人鼾症、跌倒、疼痛、皮肤瘙痒的护理诊断
2. 老年人尿失禁、便秘、视听力障碍常见的身体状况
3. 老年人鼾症、跌倒、便秘、尿失禁的护理措施
4. 老年人跌倒的预防及护理措施
5. 老年人肥胖与消瘦、视力与听力减退的健康指导

人体进入老年期,因组织器官老化、功能衰退以及老年慢性疾病所引起的跌倒、便秘、视听力障碍、肥胖、鼾症、尿失禁、疼痛、皮肤瘙痒等,不仅严重地威胁着老年人的身心健康,也使老年期的生活质量明显下降,并且增加了家庭及社会的压力和负担。常见的健康问题一旦发生会加重原有疾病的病情,延长病程。因此,护理人员应对老年人常见的健康问题有足够的重视。

第一节 鼾 症

案例分析

患者,男,68岁,体型偏胖,平时一天要喝三顿酒,睡眠不好,据其爱人说晚上患者鼾声如雷,还经常出现几秒钟的呼吸暂停,老伴为其数过:1h的时间,他就出现了7次呼吸暂停,每次老伴都用力地把他推醒,担心出现意外,患者也不敢踏实地睡觉,最近的精神非常不好,常发脾气。

请分析:通过以上案例的内容,我们可以找到该患者存在哪些健康问题?

鼾症是指呼吸时发出一种粗大的鼾声,在人体进入熟睡后鼾声响度增大超过60dB以上,妨碍人体正常呼吸时的气体交换,或指通常夜间睡眠7h的睡眠过程中超过30次憋气或每小时出现5次以上憋气,即可诊断为鼾症。鼾症是具有一定潜在危险的疾病,是高血压、冠状动

脉粥样硬化性心脏病和脑血管意外等疾病的危险因素，能导致或加重呼吸衰竭，全球每天约有3000例的死亡是和鼾症有关的。

一、护理评估

（一）致病因素

1. 生理因素

（1）咽腔结构比常人狭窄，当气流经过咽腔狭窄部位时，产生涡流同时引起振动而发出鼾声。

（2）前鼻孔狭窄或闭锁，鼻中隔偏曲等也可导致鼾症。

（3）先天性颌面部发育畸形也是鼾症原因的一个方面。

2. 病理因素　下列疾病可导致鼾症。

（1）口腔病变，以舌的病变影响为主，如巨舌症、舌肿瘤、继发于黏液性水肿的舌体增大及用咽瓣修复腭裂的部分病人。

（2）肥厚性鼻炎、鼻腔等各种良性或恶性肿瘤、咽肌麻痹等的病人。

（3）肢端肥大症引起的舌体增大，此类病人舌体肥厚，且咽壁、悬雍垂和软腭有过多的脂肪沉积，易致气道阻塞。

3. 药物因素　鼾症的发生与药物不良反应有关。如镇静催眠药。镇静催眠类药物可抑制呼吸，影响呼吸调节，降低机体对低氧的醒觉反应。

4. 其他因素

（1）肥胖者因咽喉周围和胸腹部脂肪堆积，从而导致呼吸负荷加重及气道狭窄形成肥胖性通气量减低，非常易发生鼾症。

（2）仰卧位的睡眠姿势易出现舌后坠，增强上气道塌陷阻塞作用，从而诱发鼾症。

（3）饮酒可降低上气道扩张肌对低氧、高碳酸血症的反应性，使上气道发生阻塞。

（二）身体状况

对于鼾症患者应询问是否有高血压、心肌梗死、脑血管意外、冠状动脉粥样硬化性心脏病等疾病；是否有饮酒嗜好、肥胖从何时开始、睡眠状况和饮食的量等。老年人患有鼾症后可并发多种疾病，特别是心血管系统疾病，如高血压、心律失常、冠心病等。同时，鼾症可使老年人原有的一些心血管系统疾病加重。鼾症患者可有严重打鼾、梦游、遗尿和白昼嗜睡、憋气、夜间呼吸暂停等症状，还可出现智力损害、性功能障碍等现象。

（三）心理社会状况

有鼾症的老年人往往心理负担比较重，由于担心鼾症对疾病或自身所带来的的不良影响，总是不敢安心入睡，对睡眠生出焦虑、甚至抗拒睡眠的情况。鼾症患者自卑感重，不愿社交和外出，害怕影响他人休息，心理压力很大。这对老年人的身心健康是极其不利的。

（四）实验室及其他检查

1. 动脉血气分析。病情严重或已并发肺心病、高血压时，可有低氧血症、呼吸性酸中毒和高碳酸血症，了解有无并发症。

2. 纤维鼻咽镜、多导睡眠图监测、睡眠透视法、鼾声声级测定，了解鼾症发生的病因。

3. 血液检查。病情时间长的患者，血红蛋白和血细胞计数可有不同程度的增加。

4. 心电图。有高血压、冠心病时，出现心肌缺血或心律失常等变化。

二、护理诊断及医护合作问题

1. *焦虑*　与严重打鼾、夜间呼吸暂停、情绪压抑等有关。

2. *营养失调：高于机体需要量*　与运动量减少、饮食摄入过多有关。

3. *睡眠形态紊乱*　与梦游、遗尿、夜间呼吸暂停有关。

三、护理措施与健康指导

（一）治疗要点

1. *减肥治疗*　肥胖的人上气道周围脂肪沉积、管腔缩小，吸气时易于陷闭。减肥之后往往可取得明显疗效，但有部分患者难以长期地坚持下去。

2. *药物治疗*　给予茶碱类等呼吸中枢兴奋药物，根据个人体质不同，疗效不一。

3. *氧疗*　低氧血症患者可考虑低浓度氧疗，将 PaO_2 保持在 8～10kPa（60～75mmHg），除可预防睡眠呼吸暂停引起的肺动脉高压和肺源性心脏病以外，还可提高氧饱和度和改善呼吸暂停时间。

4. *戒酒和避免应用镇静药*　酒精和镇静药可降低上气道周围肌肉活动从而可能诱发睡眠呼吸暂停。

（二）护理措施

1. *注意病情的观察*　有否呼吸暂停、憋气、心律失常、嗜睡、梦游等。注意监测血压，按时服用降压药物，注意预防心脑血管疾病的发生。

2. *养成良好的饮食习惯*　宜食清淡食物，以吃得少、喝得少为原则。避免吸烟、饮酒和摄入刺激性药物。

3. *创造良好的睡眠环境*　居室环境应安静，睡前通风换气，温湿度应适宜，被子厚度合适，睡前不要从事刺激的活动，不要让情绪太过激动，因为神经会无法立刻放松，使得晚上无法安稳的休息。

4. *睡眠应侧卧*　仰睡或趴着睡容易使呼吸不顺畅。

5. *坚持体育锻炼*　控制体重，减肥对降低呼吸暂停指数，减少睡眠中断，提高血氧饱和度和改善鼾症患者症状有确切疗效。

6. *注意并发病的治疗*　鼾症患者往往合并严重的内科疾病，如高血压病、心脏病、脂肪肝、糖尿病等。在鼾症治疗的同时，不能忽略并发病的治疗。

（三）健康指导

1. 增强体育锻炼，保持良好的生活习惯。对于肥胖者，要积极减轻体重，加强运动。

2. 避免烟酒嗜好，因为吸烟能引起呼吸道症状加重，饮酒易加重打鼾。

3. 家人之间相互观察有无打鼾、憋气现象，家庭互动，改变不良的生活习惯，把好"吃、喝、睡"三关，限烟戒酒，观察病情的治疗效果。

4. 指导合理用药，睡前禁止服用镇静、催眠药物，以免加重呼吸抑制。

如是肥胖者，经常出现睡眠中反复憋醒、睡醒后咽干头痛、白天困倦等，应及时就诊排除鼾症。随着年龄的增长及体重的增加，病情有加重的可能，所以需要定期检查。

重点提示

鼾症应注意观察有无呼吸暂停、心律失常等现象并注意血压测量，预防心脑血管等疾病。

第二节 跌　倒

案例分析

患者，女，73岁，丧偶后独居。高血压病史15年，长期服用尼群地平等降压药物治疗。近半年来记忆力明显下降，反应迟钝。于3个月前跌倒过一次，未见外伤。今日老年人在行走时突然再次跌倒，臀部着地，不能爬起，邻居将其抬入医院。跌倒后未进食，精神较差。体检：血压150/85mmHg，神志清楚，头颅未见外伤，右下肢不能站立，明显触痛。

请分析：该患者有哪些护理诊断？护理措施有哪些？

跌倒是指在平地行走或从稍高处摔倒在地的现象，是老年人最常见同时也是最严重的健康问题之一。随着年龄的增长跌倒概率增加，跌倒是常见的意外事故，老年人跌倒多发生在室内特别是厨房、浴室及卧室。老年人跌倒极易造成下肢的骨折，严重的可导致脑部组织损伤和意识的障碍。跌倒所带来的损伤使很多老年人不得不长期卧床，从而易发生压疮、肌萎缩、肺炎等并发症，甚至还可以威胁到老年人的生命安全。所以，积极探讨老年人有关跌倒的危险因素及其预防和护理措施，对促进老年人的身体健康和提高老年人的生活质量有着非常积极的作用。

一、护理评估

（一）致病因素

1. 生理因素　老年人平衡功能减退，视觉、听觉、触觉、前庭等功能都是维持人体平衡健康的重要因素。随着年龄的增长，老年人的视力逐渐减弱，视物不清，视野范围缩小，在黑暗环境中适应能力也逐渐地下降。在视力减弱的同时听力也逐渐减退，这就使老年人很难听到有关跌倒的危险警告信号。前庭功能的退行性减退可导致眩晕和平衡功能降低。老年人的肌肉力量下降，特别是股四头肌的力量下降，老年人骨骼、肌肉系统功能减退，间接和直接影响着老年人行走时步态的敏捷性和抵御外界环境干扰的能力。

2. 病理因素　下列疾病可诱发跌倒。

（1）脑动脉供血不足、直立性低血压和高血压等心血管疾病。

（2）感官系统疾病，如白内障、黄斑变性及青光眼等。这些疾病均可引起老年人视觉异常，因看不见某些障碍物而绊倒。

（3）头部外伤、眼部手术或是眼部感染等因素也可使老年人平衡功能降低而发生跌倒。

(4)神经系统疾病,如老年痴呆、癫痫、偏瘫等。

(5)骨关节病,如骨关节炎、类风湿关节炎、足畸形、颈椎病、骨质疏松等。其中,颈椎病可累及脊髓和椎动脉,影响姿势的控制而发生跌倒。

3. 药物因素　有许多药物可影响神志、精神、平衡、视觉、步态、血压等方面,导致跌倒发生率增高。如催眠药、抗抑郁焦虑药、抗高血压药、利尿药、抗心律失常药、氨基糖苷类抗生素和降血糖药物等。

4. 环境因素　引起老年人跌倒的原因与环境因素是密切相关的。

(1)家具:家具较多、摆放位置不当,座椅和床的高度过高或过低,或者床垫过软,家庭常用的电器摆放过高等。

(2)地面:如地面砖不是防滑设计,地面有积水,地面凹凸不平并且有坡度,地板松动起翘,地毯褶皱不平整,过道过窄,过道堆放杂物,门口设有门槛等。

(3)穿拖鞋或不合适的鞋裤。

(4)老年人自己携带较重物品。

(5)光线:室内光线过暗或过明、楼道光线和楼梯光线过暗或过明等。

(6)卫生设施:卫生间地面过滑,盥洗间、卫生间地面积水,四周无扶手,浴缸过高,浴缸内无防滑垫无座椅,坐便器过低无扶手。

5. 心理因素　沮丧、心情不佳、抑郁时,可削弱老年人的注意力从而影响步态和平衡能力增加跌倒的危险。

6. 其他因素　床或轮椅未及时制动或制动不好,床档没有进行固定,助步器(图 6-1)不合适及拐杖(图 6-2)不合适等。

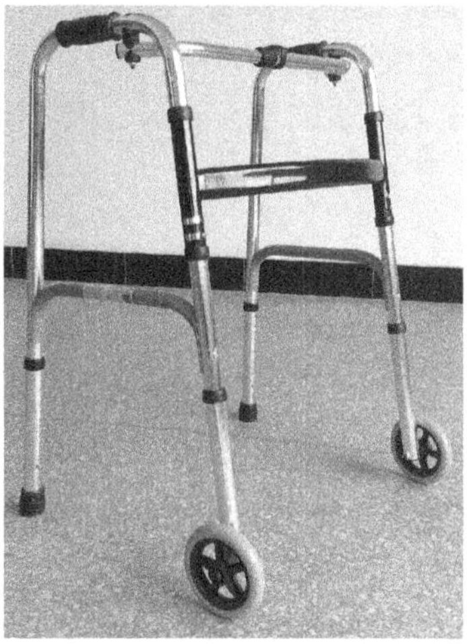

图 6-1　助步器

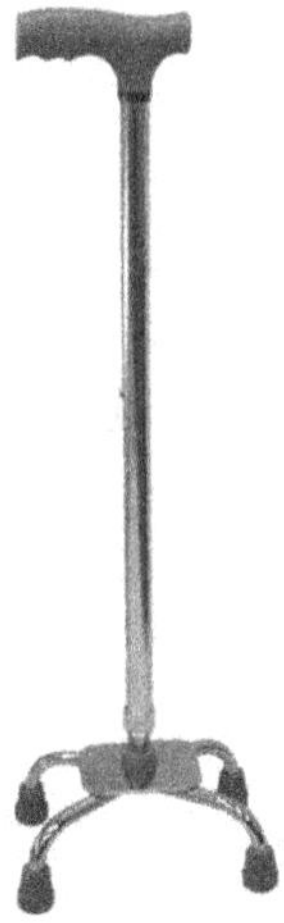

图 6-2　拐杖

(二)身体状况

老年人跌倒后可并发多种损伤,如骨折、关节脱位、软组织损伤、内脏损伤等,可出现局部的疼痛、肿胀及肢体的功能障碍。在进行护理体检时,应检查生命体征和意识状态;要重点检查受伤部位和着地部位,尤其对头部、脊柱、胸腹部、四肢及神经系统进行细致的检查。

(三)心理社会状况

跌倒的老年患者往往害怕再次跌倒,所以,活动范围尽量缩小,活动量尽量减少,甚至足不出户,人际交往减少,对老年人身心都产生了严重的负面影响。

(四)实验室及其他检查

1. 影像学检查:根据需要对胸部和头部进行 X 线、CT、MRI 等检查,明确跌倒造成的损伤及引起跌倒的疾病。

2. 血压测定排除直立性低血压,血糖检测以排除有无低血糖。

3. 老年骨折患者白细胞计数可正常或升高。

二、护理诊断及医护合作问题

1. 活动　无耐力与跌倒后卧床有关。

2. 有受伤的危险　与跌倒有关。

3. 恐惧　与害怕跌倒受伤有关。

三、护理措施与健康指导

(一)治疗要点

主要治疗相关疾病和对症处理治疗。如一般外伤简单包扎处理,骨折需复位、固定、功能锻炼等。骨折的复位又有手法复位、手术复位、牵引复位,其中手法复位为最常用的。老年人因年龄大,身体较弱,应加强护理,尽量避免跌倒,以免发生意外。

(二)护理措施

跌倒是致使老年人伤残的主要原因之一,同时也是某些严重疾病,如脑梗死、心肌梗死等唯一的首发症状。老年人中枢神经系统功能、骨骼系统功能、视听力等减弱是造成跌倒的重要原因。跌倒的再次发生率较高,有针对性的预防可以有效减少老年人跌倒。积极治疗原发病,预防再次跌倒,是非常必要的。

1. 改善老年人居家环境和周围环境

(1)过道:过道和通道不要堆放杂物和障碍物,应通畅,不宜狭窄。病区的走廊、楼梯口要设椅凳;走廊、楼梯、厕所及浴室要设扶手等。

(2)卫生间:适宜安放高度合适有扶手的坐便器。

(3)楼梯:有扶手,台阶应平整不应凹凸不平,无破损,有方便照明开关,高度适宜。

(4)地面:没有积水、平整、地砖应防滑,若是地板应避免打蜡。特别是厨房和浴室的地面要铺设防滑的地板砖。浴缸边应设有扶手,浴缸内应铺有防滑垫。

(5)椅子、床:床的高低要合适,不宜过低或过高,一般从床垫面到地板高度以 45~48cm 为好,床垫不要过软。

2. 护理人员对易跌倒的患者应给予比较多的照护　在患者的床头贴上醒目的标志。

3. 预防视听觉减退所致的跌倒

(1)老年人读书、看报、看电视的时间不可太长,避免过度用眼疲劳。

(2)医护人员应指导有听觉障碍的老年人正确使用助听器。

(3)房屋照明要充足,老年人的生活环境物品放置位置要固定、有序,以免造成外因的跌倒。老年人外出活动最好安排在白天。

(4)勤做健康检查,至少每 6 个月或 1 年接受 1 次听力和视力的检查。

4. 正确合理用药　老年人用药指征应明确,尽量避免使用可致跌倒的药物。对于服用降压、降糖和利尿等药物的老年人,嘱其严格遵医嘱服药,注意用药后的反应。对服用镇静催眠、抗焦虑抑郁药的老年人,嘱其在未完全清醒时不要下床活动。

5. 加强体育锻炼　锻炼可增加肌力,增强协调性、平衡力、柔韧性、步态稳定性、灵活性,有助于身体稳定,预防跌倒。

(三)健康指导

1. 告诉老年人若多次出现跌倒的情况,要想到可能由其他疾病引起,要引起足够的重视,及时去医院查明原因并治疗。

2. 教育老年人应限酒,勿滥用药物,避免使用可致跌倒的药物。

3. 指导老年人如何预防跌倒,使老年人学会在跌倒后,无人帮助的情况下安全起身的方法。预防直立性低血压、低血糖、心律失常的发生。指导老年人生活起居中一定要做到 3 个 30s,即醒后 30s 再起床,起床后 30s 再站立,站立后 30s 再行走。这样可以最大限度地防治跌倒的发生。

重点提示

老年人多次出现跌倒,要去医院检查原因,指导老年人 3 个 30s,预防跌倒。

第三节　疼　　痛

案例分析

患者,女,68 岁,患关节炎 2 年,初期为腕掌指关节疼痛,后有膝关节疼痛,最近两手指在掌指关节处偏向尺侧形成关节活动障碍,影响患者的日常生活。

请分析:该患者存在哪些健康问题?

疼痛是一种令人苦恼和痛苦的感觉,是机体受到刺激而产生的痛觉反应,是一种复杂的生理心理活动。研究显示,71%的老年人有疼痛,其中 75%的老年人因疼痛导致各种各样的功能障碍。疼痛严重影响了老年人的生活质量。因此,护理人员学习并且掌握疼痛的相关知识是十分必要的。

一、护理评估

(一)致病因素

了解疼痛的一般情况及用药情况,询问疼痛的部位、性质、开始的时间、持续时间和强度,帮助了解致病因素。

1. 各种外源性的伤害性刺激,如刀割、棒击等机械性刺激,电流、高温和强酸、强碱等物理化学因素均可成为伤害性刺激。

2. 个体对疼痛的耐受性有很大差异,疼痛易受注意、暗示和期待等心情的影响,与个人的心理承受能力密切相关。

3. 身体各系统器官的炎症或肿瘤等病变均可产生程度不同的疼痛。

(二)身体状况

疼痛时机体可表现为血压升高,面色苍白,出冷汗,心跳呼吸加快,肌紧张,恶心、呕吐,严重时可发生疼痛性休克;可出现皱眉、咬牙、紧抿唇等痛苦表情,体位上通常采取减轻疼痛的被迫体位,如躯体蜷曲等;疼痛时还会有愤怒、焦虑等情绪反应。护理体检时,应检查运动系统、神经系统、内脏器官等。

1. *运动系统* 有无脊柱、关节、肌肉、肌腱、韧带受损或疾病有关。对肿胀、炎症触诊,相应关节的旋转及直腿抬高的实验,使患者的疼痛再现,从而帮助诊断以明确原因。

2. *神经系统* 有无运动、感觉、自主神经功能障碍和神经损伤的体征。

3. *内脏器官* 有无内脏损伤或疾病。

(三)心理社会状况

抑郁、焦虑社会适应能力下降的老年人常伴有疼痛。急慢性疾病产生的疼痛使老年人无法入眠。严重影响老年人的日常生活。慢性疾病、丧失亲人给老年人带来非特异性的痛苦,尤其是部分女性老年人。

(四)实验室及其他检查

1. *辅助检查* 做 CT、X 线片、心电图等,了解引起疼痛的病因。

2. *使用各种疼痛量表评价老年人的疼痛情况* 常用的评价量表有视觉模拟疼痛量表、面部表情疼痛量表、五指评分法、情绪评分法等。

(1)视觉模拟疼痛量表:使用一条长约 10cm 的游动标尺,一面标记有 10 个刻度,两端分别为 0 分端和 10 分端,0 分端表示无痛,10 分端表示难以忍受的最剧烈疼痛。使用视觉模拟疼痛量表时,让患者朝向无刻度的一面。让患者在游动标尺上标出能代表自己疼痛程度的位置,评估者根据患者在标尺上标出的位置为其评分,临床评定,0~2 分为"优"、3~5 分为"良"、6~8 分为"可"、>8 分为"差"。

(2)面部表情疼痛量表(图 6-3):此种方法分别用 6 种面部表情来进行表达疼痛的程度,程度从微笑至悲伤至哭泣。此种方法适用于任何年龄层次,没有文化背景及性别要求,不要任何特定设备,非常容易掌握。老年人、急性疼痛、表达能力丧失人群比较适用。

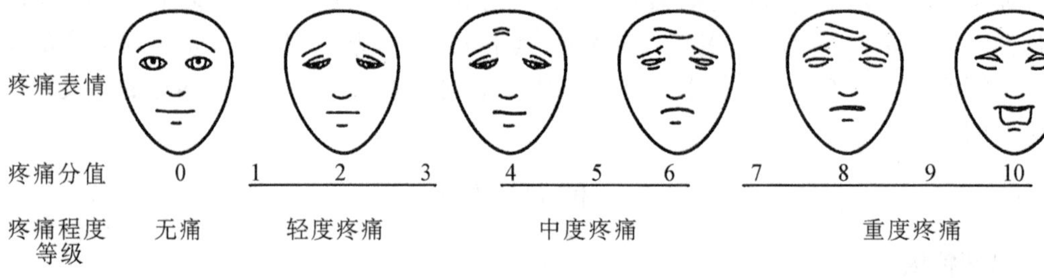

图 6-3 面部表情疼痛量表

(3) 五指评分法：向患者展示五个手指，拇指为剧痛，示指为重度痛，中指为中度痛，环指为轻度痛，小指为无痛。让患者进行自主选择。此种方法简单、直观、不需要其他辅助材料。此方法适用范围广泛，患者接受起来比较快，用时短，回答的准确率较高。

(4) 情绪评分法：无论何种疾病引起的疼痛，都会伴有不同的情绪变化。使用情绪评分法进行评价，0 分表示最佳情绪，10 分表示最差情绪，其中以 0~2 分为“优”，患者面容安静、情绪良好、应答自如。3~5 分为“良”，面容淡漠、情绪一般、可按指令回答问题。5~8 分为“可”，轻度痛苦面容、情绪焦虑或抑郁、能够勉强应答。>8 分为“差”，呻吟不止、痛苦面容、强迫体位、无法应答。

二、护理诊断及医护合作问题

1. 焦虑　与长期疼痛而治疗效果不明显有关。
2. 抑郁　与长期疼痛对治疗信心降低有关。
3. 疼痛　与组织损伤、骨折、痉挛、周围血管疾病、骨关节炎、带状疱疹、糖尿病有关。
4. 睡眠形态紊乱　与疼痛有关。

三、护理措施与健康指导

(一) 治疗要点

1. 根据疼痛的发病机制进行对症治疗

(1) 内脏性疼痛：由于脏器器官受到机械性牵拉、炎症和化学刺激所导致。如消化性溃疡引起的疼痛。内脏疼痛的定位不很明确，如心绞痛的疼痛常放散到左肩、臂和腕。

(2) 神经性疼痛：为放射性灼热痛，是神经损害所导致的。如三叉神经痛、疱疹后遗神经痛、糖尿病性周围神经病变。

(3) 躯体疼痛：是肌腱、筋膜、肌肉和关节等组织的疼痛。如手术后疼痛、转移性骨肿瘤等。躯体疼痛通常容易定位，可表现为钝痛或剧痛。

2. 根据疼痛的病程进行治疗

(1) 急性疼痛：急性疼痛起病急，持续时间短，多在 1 个月以内，有的甚至仅维持数分钟、数小时或数天。有其明确的原因，如心肌梗死、手术、骨折等。

(2) 慢性疼痛：慢性疼痛起病较缓慢，持续时间较长，多在 3 个月以上。多与慢性疾病有关，如骨质疏松、糖尿病性周围神经病变。一般没有自主神经症状，但明显伴有抑郁等心理问题的发生。

(二) 护理措施

1. 心理护理　护理人员应重视关心患者，认真倾听病人的主诉，鼓励病人说出内心的感受，向病人解释疼痛的病因，向病人介绍疼痛的护理措施。按时给予镇痛药物或者指导患者或患者家属正确使用口服镇痛药。

2. 祛除病因　外伤患者可采取止血、清创、固定等方法减轻疼痛。骨关节疾病疼痛可通过服用钙剂、理疗、针灸和饮食调节等措施来减轻疼痛。

3. 用药护理　治疗疼痛最基本、最常用的方法是药物治疗，常用的疼痛治疗药物包括麻醉性镇痛药、抗焦虑、抗抑郁、非甾体类药物抗炎药等。

(1) 阿片类药物：阿片类镇痛药可以提高病人的痛阈，适用于急性疼痛和恶性肿瘤引起的疼痛。阿片类药物对于神经病变引起的慢性疼痛几乎没有效果。其不良反应包括呕吐、便秘、镇静、恶心和呼吸抑制。

(2)抗抑郁药物:抗抑郁药除了抗抑郁效果外还有镇痛作用,可用于治疗各种慢性疼痛综合征。其中三环类抗抑郁药对神经性疼痛的治疗效果较好。如阿米替林、单胺氧化酶,但三环类药物不宜用于严重心脏病、前列腺肥大和青光眼。

(3)非甾体类抗炎药:适用于短期治疗炎性关节病和急性风湿性疾病。对乙酰氨基酚是肌肉骨骼疼痛首选药物。此类药物长期使用可造成胃肠道出血、肾损害和听力下降等不良反应。

4. *加强运动* 运动能够有效缓解慢性疼痛,在调节情绪的同时可以改善全身状况,振奋精神,缓解抑郁症状;还可延缓骨质疏松的进程,帮助恢复身体的协调和平衡。

(三)健康教育指导

1. 告知老年病人长期服用阿片类药物引起的便秘,如出现便秘,可选用麻仁丸等中药软化和促进排便;镇痛药与其他药物合用时,应注意药物的相互作用可能带来的影响。

2. 教会老年病人和家属使用常用镇痛评价方法和工具,使病人在任何地方都能得到全面的镇痛治疗。

重点提示

老年人疼痛根据其疼痛特点分别选用的阿片类药物、抗抑郁药物、非甾体类抗炎药。

第四节 便 秘

案例分析

患者,男,64岁,退休后独居。不爱活动,睡眠欠佳,喜欢肉食,水果、红薯、玉米等粗粮摄入很少。近2个月,排便困难,每周2~3次,大便干结,偶有鲜血粪,自服果导片后效果不佳,故前来医院就诊。询问病史,病人怀疑自己患了重病,难以治好。体检:血压160/95mmHg,身高172cm,体重79kg,血清总胆固醇增高,其余无异常。

请分析:该患者目前有哪些护理问题?护理诊断是什么?护理措施有哪些?

便秘是指排便次数减少(每周少于3次)排便困难且粪便干硬,便后无舒畅感。是老年人常见的症状之一,约占老年人群的1/3。长期便秘不仅促进衰老,还可引起皮肤粗糙、黑斑等改变,还会导致大肠癌、痔、乳腺癌、高血压,极易诱发心肌梗死、脑血管意外等,严重威胁到老年人的身心健康。便秘会导致腹部不适感,引起食欲降低及恶心。可有头晕、头痛、焦虑、乏力等。便秘还会并发粪便嵌塞,从而导致肠梗阻和结肠溃疡等。老年人与中青年人比较,更容易发生便秘,且便秘程度随年龄的增长而加重。

一、护理评估

对老年人进行有效询问，询问老年人是否患有可能导致便秘的疾病。饮食情况及种类。日常活动和运动情况。最近一次排便的性状、次数、时间及有无伴随的症状。是否在服用容易导致便秘的药物等。这些询问对治疗老年人的便秘情况是非常必要的。

（一）致病因素

1. 饮食因素　饮食过精、过少、过细，食物中的纤维素和水分不足，有些老年病人更是饮食简单，缺乏粗纤维致使粪便体积缩小，黏滞度增加，肠蠕动缓慢，使水分过多吸收而粪便干燥；进入直肠后的粪便残渣因为量少，从而不能形成足够的压力去刺激神经感受细胞产生排便反射。

2. 肠道疾病　肠管内发生狭窄或肠管外受到压迫时，使粪便通过不畅。肠道的病变有炎症性肠病，疝、直肠脱垂、肿瘤等，此类病变导致功能性出口梗阻引起排便障碍。

3. 排便动力不足　年老体弱时可因腹肌、膈肌、肛门括约肌收缩力减弱，使腹压降低从而使得排便动力不足，导致发生便秘。

4. 全身性病变　主要有糖尿病、脑血管意外、尿毒症、帕金森病等。

5. 药物影响　服用氢氧化铝、阿托品、溴丙胺太林、吗啡、碳酸铋等药物可引起便秘。

6. 排便习惯　拖延大便时间，使已到了直肠的粪便返回到结肠；或因患某些肛门疾病，如肛裂和痔疮等疾病，使患者产生恐惧疼痛的思想，不敢排便。

7. 运动影响　缺乏运动也可导致便秘。

（二）身体状况

便秘老年人可有自体中毒的症状，如恶心、腹胀、口臭、头晕、乏力、食欲缺乏、精神淡漠。便秘老年人可表现为左下腹痛，排便不畅。排便时肛门有时出血、疼痛，直肠有坠胀感。触诊下腹部可扪及粪块或痉挛的肠壁。直肠指检用以排除直肠和肛门的疾病。

（三）心理社会状况

长期便秘直接威胁老年人的身心健康，不仅促进衰老，还可导致大肠癌、痔、乳腺癌、高血压等疾病，可诱发心肌梗死、脑血管意外等。所以老年人容易产生不安、焦虑、恐惧及精神紧张，导致干扰自主神经的调节功能，致使便秘更加严重。

（四）实验室及其他检查

1. 粪便检查

（1）观察粪便的性状、大小、坚硬度、有无黏液、脓血等。在直肠便秘时，由于直肠平滑肌弛缓，排出的粪便多呈块状；而痉挛性结肠便秘时粪便呈羊粪状。

（2）进行粪便常规及隐血试验检查。在进行隐血试验检查时前 3d 应禁食肉类、血制品、含铁剂的药物及绿色蔬菜等。一般选择进食牛奶、豆制品和土豆等食物，以免造成试验假阳性。

2. 直肠指检　有助于发现直肠癌、坚硬粪块堵塞及外来压迫、痔、肛裂、炎症狭窄、肛门括约肌痉挛或松弛等疾病。

3. 其他辅助检查　胃肠 X 线检查、肠镜或钡剂灌肠，以排除结肠、直肠病变。

二、护理诊断及医护合作问题

1. 便秘　与肠蠕动减少、饮食不合理、药物的不良反应有关。

2. 焦虑　与长期便秘有关。

3. 有皮肤完整性受损的危险　与排便困难、大便干结、肛周皮肤损伤有关。

4. 知识缺乏　缺乏便秘的相关知识。

三、护理措施与健康指导

(一)治疗要点

1. 对症治疗　便秘可由肛周疾病，如痔、瘘、结肠癌等引起。某些铁、铝、钙制剂也可引起便秘。要根据具体引起便秘的原因进行对症治疗。

2. 祛除病因　根据引起便秘的原发病因来进行便秘的治疗。

3. 药物治疗　根据便秘的严重程度，选用不同效果的药物进行治疗。

(二)护理措施

1. 合理饮食　鼓励老年人每日饮水2000~2500ml，晨起可服1杯淡盐水，上午和傍晚喝1杯温热的蜂蜜水。饮食应荤素、粗细搭配合理，老年人应多食入富含纤维素的蔬菜、水果，适当摄取油脂和豆类食物。

2. 提供合适的排便环境　老年人在排便时，应拉开窗帘或用屏风进行遮挡，避开其老年人查房、治疗和进餐的时间。

3. 安置适当的体位　在病情许可的情况下，协助老年人采取坐位或蹲位，利用重力作用增加腹压促使排便，床旁应放置椅子、厕所装扶手以便支撑老年人。

4. 药物治疗　盐性轻泻药，如硫酸镁；容积性泻药，如甲基纤维素；高渗性泻药，如山梨醇乳果糖溶液。

5. 养成良好的生活习惯　老年人要有充足规律的睡眠，经常运动，能增强胃肠道功能。要防止有意识性地抑制便意。即使无便意，亦可稍等，以形成条件反射。

6. 腹部按摩　让老年人在清晨和晚间排尿后取平卧位，用双手示指、中指和环指相叠，沿结肠解剖位置进行环形按摩，自右下腹到右上腹，横行至左上腹，再向左下腹，沿耻骨上缘到右下腹做腹部按摩，促进肠道的蠕动。

(三)健康指导

1. 注意饮食荤素及粗细搭配。饮水量要充足，易便秘的人晨起可喝1杯淡盐水，少饮用浓茶和咖啡等饮料，以助于通便。多食用蔬菜水果，可根据季节适量食用。

2. 指导老年人正确地选择和使用通便药物。在治疗原发病的同时，尽量避免所使用药物不良反应可导致便秘的药物。

3. 指导老年人注意保护好肛门及肛周皮肤，应勤换洗内裤，尽量选用软薄透气的纯棉制品，便后使用软薄的手纸，用温水清洗肛门，避免感染。

重点提示

排便动力不足是最常导致老年便秘的原因之一。

第五节　皮肤瘙痒

案例分析

患者，女，50 岁，糖尿病病史 10 年，平时极爱饮酒。最近几个月出现皮肤瘙痒，开始用一些止痒的药物进行治疗，可是怎么也不见好，并且还引起了一些并发症，也就没敢再用这些药物，平时也就是挠一挠，勤洗澡，用点小孩子用的止痒粉止痒。

请分析：患者存在哪些问题，应该如何处理？

皮肤瘙痒是仅有皮肤瘙痒而没有原发病的一种皮肤病，是一种皮肤神经官能症疾病。此病是老年人常见的皮肤病。瘙痒是一种可经引起即进行搔抓愿望的主观感觉。皮肤瘙痒症严重地影响了老年人的生活质量和健康，值得高度的重视和积极防治。老年性皮肤瘙痒症多见于 60 岁以上的老年人。

一、护理评估

(一) 致病因素

1. 生理性因素　老年人随着年龄的增长，汗腺和皮脂腺出现萎缩，使皮肤干燥，皱纹增多，皮肤非常容易受到周围环境冷热变化的刺激，在受到刺激后便向中枢发出异常的刺激信号，从而引起皮肤瘙痒。

2. 疾病因素　内脏疾病内分泌失调、尿毒症、肝胆疾病、代谢障碍、糖尿病、贫血、内脏肿瘤、习惯性便秘、肾功能不全等疾病均可伴有皮肤瘙痒。

3. 蚊虫叮咬及食物过敏　蚊虫叮咬可导致虫咬性皮炎，产生瘙痒的症状。一些食物，如海鲜、牛羊肉等非常容易成为致敏源，从而导致皮肤瘙痒。

4. 环境因素　当皮肤温度轻度增高时，瘙痒的感觉就随之增加。冬季室温过高或湿度偏低都可使皮肤角质层所含水分过度丢失，使老年人的皮肤进一步干燥易发生瘙痒症。

5. 皮肤清洁　如果长时间不洗澡，大量的死皮堆积在皮肤表面；或者洗澡次数过多，洗掉皮肤上的皮脂膜也会引起瘙痒。

6. 不良的生活习惯　经常熬夜易导致自主神经功能紊乱，诱发或使瘙痒加重；过食辛辣食物、饮酒和大量饮用咖啡也可引起皮肤瘙痒。

7. 药物反应　有些药物不良反应可导致瘙痒，如抗生素、氨基比林、胰岛素、可卡因等。

(二) 身体状况

主要表现为皮肤干燥变薄，表面有糠秕状的脱屑。瘙痒往往为阵发性，白天轻，夜晚重，冬季易发作或加重。长期的搔抓，使患者的皮肤上出现许多抓痕、血痂、色素沉着、片状红斑、苔藓样变,重者可发生皮肤感染。不断搔抓不仅可使皮肤增厚,而且皮质变厚后反过来又加重了皮肤瘙痒。

(三)心理社会状况

皮肤瘙痒可导致抑郁自卑心理,心情不愉快可使瘙痒更明显。家庭成员应给老年人理解关心和精神支持。评估患者精神状态和对疾病的认识,是否存在焦虑、抑郁等异常心理。

(四)实验室及其他检查辅助检查

免疫生化实验检查,如致敏实验、过敏实验等,有助于明确诊断。血常规、尿常规可作为必备检查。

二、护理诊断及医护合作问题

1. 焦虑　与皮肤瘙痒,长期治疗不愈有关。
2. 睡眠型态改变　与皮肤瘙痒有关。
3. 皮肤完整性受损　与长期瘙痒搔抓有关。
4. 舒适的改变　与皮肤瘙痒有关。

三、护理措施与健康指导

(一)治疗要点

皮肤瘙痒治疗主要有饮食疗法、药物疗法等。积极地治疗原发病,如肝胆疾病、习惯性便秘、糖尿病等是治疗瘙痒症的重要方法。同时还应加强锻炼,提高机体免疫力。

1. 祛除病因　如果是因为原发疾病而导致瘙痒的患者,应积极治疗原发病。如因风寒或暑热而导致瘙痒的患者,应调适温度,避免暑热及寒冷刺激。如果是因为对食物诱发瘙痒者,应当忌油腻、忌煎炸、忌酒、忌食鱼虾海味等。

2. 药物治疗　常用西药抗组胺药、钙剂、激素等。

(二)护理措施

1. 适当洗浴。老年人洗澡次数要减少,水温应适宜,要保持在35~40℃。每周不宜超过2次,体弱、长期卧床患者建议每个月洗澡次数为2~3次。洗澡时尽量不用沐浴液。不应选用酸性或碱性的、含香精、防腐剂、皂基等化学刺激成分的沐浴液,浴后涂抹润肤剂或涂止痒药。

2. 帮助老年人选择质地柔软、纯棉的、宽松、透气性好、舒适的内衣裤袜,避免使用浆洗过度的衣物及床单;勤洗内衣裤,晾晒内衣时应将贴身面外翻,以利紫外线杀菌。穿着上内衣最好选择天然织物,如纯棉、蚕丝、棉麻、棉丝等制品,这些天然织物可以减少对皮肤的刺激。

3. 居住环境应清洁卫生,温湿度适宜。

4. 适时起居,注意生活应有规律。老年人应适当进行休息,保证睡眠充足,保持良好的心境。

5. 饮食护理。平时要注意多喝水以补充身体流失的水分,增加皮肤的水分供给。老年人饮食要清淡,少吃高脂肪食物,多吃新鲜蔬果及牛奶豆浆之类的食物。多吃维生素丰富的食物,也可常吃芝麻油、黄豆、花生等坚果类食物。少饮用浓茶和咖啡,少吃牛羊肉、葱蒜等辛辣食物和海鲜等食物。

6. 对症护理。剪短指甲,控制搔抓,避免损伤皮肤。合理用药,控制痒感。祛除患者紧张等因素。保持床单整洁，经常对老年人的生活起居进行指导和协助。

（三）健康指导

1. 指导老年人养成定量饮水的习惯。我们人的皮肤是身体贮存水分的重要“水库”，如果我们总是在感到口渴时才饮水，就会经常处于缺水状态，使皮肤干燥。

2. 老年人冬天应尽量穿纯棉或纯羊毛的衣服以减少静电的刺激，告知老年人静电会引起瘙痒。

3. 指导老年人用药应慎重，遵医嘱服药，可使用含冰片、薄荷的止痒药膏来止痒，不要随意使用含激素的外用药。对于长期顽固的瘙痒，应注意排除潜在的全身疾病。

重点提示

皮肤瘙痒随季节性变化较明显，一般易在冬季发作和加重。

第六节　肥胖与消瘦

案例分析

患者，女，76 岁，身高 160cm，体重 87kg，喜食肉类和甜食，不爱活动，有糖尿病家族史，近半年来迅速消瘦，体重骤减 40kg。主诉：常感口渴，饮水量明显增多，尿多。

请分析：根据该患者的体重和身高等给出的客观数据，我们能够找出她存在哪些健康问题？

一、肥　　胖

肥胖是指体内脂肪积聚过多和分布异常，引起脂肪代谢紊乱，造成体重超过正常的 20%。一般正常成年人体内脂肪含量，男性是 15%，女性是 20%。标准体重（kg）=［身高（cm）-100］×0.9，若成年男性身体中脂肪组织超过 25%，女性超过 30% 即可定为肥胖。但必须排除由于肌肉发达或水分潴留的因素而导致的超重。

（一）护理评估

1. 致病因素

（1）内分泌代谢紊乱使老年人激素分泌减少，其中女性雌激素水平下降与肥胖密切相关。

（2）老年人的生活方式比较单一，由于其社交活动、体力活动减少；机体新陈代谢降低，饮食结构不合理，摄入量过多；过多的剩余能量转化为脂肪贮存于身体形成肥胖。

（3）为了解除心情上的烦恼，老年人有时出现情绪上的不稳定，为了解除心情上的烦恼，吃东西也成了发泄情绪的渠道，这也是引起饮食过量而导致肥胖的原因之一。

（4）药物、疾病等因素也可引起肥胖。

2. 身体状况　肥胖老年人有易累、变懒、嗜睡、爱吃、喜饮等表现，尤其喜欢食用甜食等含热量比较高的食物,肥胖的老年人常伴有心血管系统的疾病,如高脂血症、高血压、冠状动脉粥样硬化性心脏病等。

3. 心理社会状况　老年患者常有忧虑、悲观等负面情绪,由于自身的肥胖,身材与别人有很大差异,活动不灵活,动作笨拙,稍一运动就容易出汗疲劳,在安静时容易瞌睡,因此,易受到他人的排斥和嘲笑。这就导致了老年人不愿意参加社会活动,甚至产生社交障碍。

4. 实验室及其他检查

(1)体重指数(BMI)是目前评价机体营养状况及肥胖程度最普遍、最常用、最简便的方法。我国卫生部疾病控制司规定 BMI 值“$28kg/m^2$”为我国成年人肥胖的界值。2000 年国际肥胖特别工作组提出亚洲成年人的判断标准,其中规定 BMI 的正常值为 $18.5\sim22.9kg/m^2$,$23\sim24.9kg/m^2$为肥胖前期,$25\sim29.9kg/m^2$ 为Ⅰ度肥胖,$\geq30kg/m^2$ 为Ⅱ度肥胖。

(2)三酰甘油的检查,配合 B 超能发现有关肥胖与脂肪肝的内在联系。

(3)腰围(WC)是反映脂肪总量和脂肪分布结构的综合指标。在我国,中国肥胖问题工作组建议对中国成年人来说,男性 WC≥85cm,女性 WC≥80cm 为腹部脂肪蓄积的诊断界值。

(4)查空腹或餐后胰岛素能识别肥胖症的特征。

(二)护理诊断及医护合作问题

1. 活动无耐力　与肥胖有关。

2. 自我形象紊乱　与体形改变有关。

3. 知识缺乏　与缺乏营养知识、正确的饮食指导有关。

4. 营养失调:高于机体需要量　与机体代谢需要量减少、活动量减少有关。

5. 焦虑　与肥胖引起的外形改变有关。

6. 并发症　有高血压、冠心病、糖尿病、高脂血症、心肺功能不全等疾病的危险。

(三)护理措施与健康指导

1. 治疗要点　治疗单纯性肥胖有饮食疗法、运动疗法、中医疗法和西医疗法。

(1)饮食疗法:在限制饮食能量供给的同时要限制饮食脂肪的供给,尤其是动物性脂肪的供给,过多地食用盐类和糖类不利于减肥,在保证标准饮食的同时,多吃蔬菜,这样可以增加饱腹感且能量比较低,尽量避免吃油炸的食品。

(2)运动疗法:尽量在不感到疲劳的状况下,进行适度的运动,进行减肥,切忌不要做过于激烈的体育运动,以免造成身体的损伤。

(3)西医疗法:食欲抑制药,多为去甲肾上腺素类药物。脂肪酶抑制药,可减少三酰甘油及游离脂肪酸等营养物质在肠道内的吸收,所以有减肥的作用。

2. 护理措施

(1)提供适当照顾:患者在生活中会遇到很多困难,医护人员应提供适当的帮助,同老年人一道制定减肥计划,鼓励老年人参与制订计划并能按计划减肥。

(2)饮食护理:控制饮食,限制脂肪、糖含量高的食物摄入。饮食应有规律,少食荤、多食素、少零食,少食盐。应适量地摄入膳食纤维,适量摄入粗纤维。

(3)药物治疗:适合于 BMI≥28,年龄 60~69 岁,有糖尿病、高血压、脂肪肝等并发症的患者,经运动、饮食治疗半年以上效果不显著并希望进一步减轻体重者,在医生指导下服药。减肥药存在不良反应,不宜长期服用。

(4)加强运动:最宜参加集体锻炼,逐渐加大运动量,速度不宜过快,以感到发热、微汗为宜。应选择有氧运动项目,在运动的过程中如出现眩晕、心悸等情况,应停止运动。

3. 健康指导　指导老年人消除不良心理、社会因素,保持乐观向上的情绪,坚定减肥信念,积极参加社会活动,坚持体育锻炼。培养良好的兴趣爱好,丰富日常生活内容。平时注意饮食结构合理化。

二、消　　瘦

消瘦是指人体由于某些因素或疾病而导致体重下降,并且体重较标准体重低10%或以上者。消瘦使老年人的免疫力低下,从而加速衰老进程。俗语常说"有钱难买老来瘦。"不要误认为老年人消瘦就是健康的表现,要积极寻找原因,特别是无明显原因的进行性消瘦,常提示恶性肿瘤的发生,应及时去医院检查治疗。

(一)护理评估

1. 致病因素

(1)生活和饮食习惯不科学,饮食摄入量不足,饮食搭配不合理,生活压力大,情绪起伏波动较大,焦虑、精神过度紧张、睡眠状况不佳都导致消瘦。

(2)药物。老年人常患有多种疾病,服用某些药物,如使食欲减退的药物、引起恶心的药物、增加代谢的药物均可引起身体消瘦。

(3)病理方面,肺源性心脏病、风湿性心脏病、高血压性心脏病出现心功能不全时,胃肠、肝淤血,消化系统疾病、糖尿病、甲状腺功能亢进、肝炎、肾病等许多疾病都可引起身体消瘦。

(4)人际交往减少造成孤独、失落感使食欲减退,体重减轻。

2. 身体状况　可伴有疲乏无力、免疫力下降、水肿、维生素缺乏等症状。可有轻度贫血,甚至出现明显的水、电解质紊乱及低蛋白血症等。还可表现为食欲减退,体重下降,皮肤干燥,弹性差,毛发纤细、干燥无光泽。有些患者存在原发疾病的症状和体征,如糖尿病、肿瘤、甲状腺功能亢进症等。消瘦的老年人还易患骨质疏松和胃肠道疾病等。

3. 心理社会状况　社会和环境性孤寂感,带来寂寞和失落感,由于丧偶或独居,缺少亲人的关怀,使老年人不愿意和别人进行人际交往,生活情趣减少从而影响食欲。此外,饮食习惯不良、营养知识缺乏和自理能力减退都对老年人身体的营养状况有着非常重要的影响。

4. 实验室及其他检查

(1)消化道检查:胃镜、肠镜等检查,排除器质性病变。

(2)体重指数的检查:BMI=体重(kg)/身高(m^2)。BMI在17.0~18.4kg/m^2为轻度消瘦,BMI在16.0~16.9kg/m^2为中度消瘦,BMI<16.0kg/m^2为重度消瘦。

(3)血清蛋白质含量测定:清蛋白2.9~3.5g/L为轻度营养不良,2.1~2.8g/L为中度营养不良,<2.1g/L为重度营养不良。

(二)护理诊断及医护合作问题

1. 活动无耐力　与三大营养素代谢紊乱有关。

2. 营养失调:低于机体需要量　与摄入食物能力减弱和食欲降低有关。

3. 知识缺乏　缺乏正确饮食知识。

4. 有潜在感染的危险　与机体抵抗力下降有关。

(三)治疗及护理措施

1. 治疗要点 对于老年消瘦的病人,主要采取增加营养、控制其造成消瘦的原发病、采用有效的药物治疗等几种方法来进行治疗。在治疗过程中,要随时观察老年人的身体指标,以便根据老年人情况的变化改变治疗方法。

2. 护理措施

(1)饮食护理:根据老年人的特点,提供足够营养的饮食,补充足够的蛋白质、热量和钙等微量元素,使食物种类多样化,注意菜肴色、香、味及营养搭配,以增进老年人食欲。

(2)用药护理:定期测体重,在医生指导下合理用药,要注意药物的不良反应。

(3)控制原发病:由于某些疾病而造成的营养不良,应积极治疗原发病并加强机体的营养,避免营养不良造成原发疾病加重。

(4)提供良好的就餐环境:安排老年人和家人在安静整洁的环境中一起进餐,使老年人心情愉快,从而促进其食欲。

3. 健康指导 指导老年人根据爱好选择有氧运动并保持适当活动,保持充足的睡眠可以改善情绪,增加食欲,提高免疫力。指导老年人饮食应有规律,应定时定量,细嚼慢咽。少食多餐,注意饮食卫生。多吃新鲜蔬菜和水果。避免食入碳酸饮料、咖啡、油炸食品。

重点提示

BMI 的正常值为 18.5~22.9kg/m^2,肥胖:BMI 为 23~24.9kg/m^2 为肥胖前期,25~29.9kg/m^2 为Ⅰ度肥胖,≥30kg/m^2 为Ⅱ度肥胖。消瘦:BMI 在 17.0~18.4kg/m^2 为轻度消瘦,BMI 在 16.0~16.9kg/m^2 为中度消瘦,BMI<16.0kg/m^2 为重度消瘦。

第七节 尿失禁和排尿困难

案例分析

患者,男,86 岁,患有前列腺增生疾病,尿频且排尿不畅多年,近 2d 未排尿,主诉下腹部胀痛,咳嗽时有尿液溢出。查体:见耻骨上膨隆,叩诊浊音,病人有尿潴留。

请分析:患者现存何种健康问题?

一、尿失禁

尿失禁是指尿液不受意识控制而自尿道口溢出或流出。尿失禁是老年人泌尿系统最常见的一种病症,随年龄的增长其发病率逐渐增加。女性的发病率高于男性。尿失禁是人体老化的结果,所以一旦发现尿失禁要认真对待。

(一)护理评估

1. 致病因素 根据病因一般可分为真性尿失禁、假性尿失禁、压力性尿失禁、充盈性尿失禁、急迫性尿失禁等。

(1)真性尿失禁:膀胱完全不能储存尿液,膀胱处于空虚的状态,多数由于膀胱或尿路感染、结石、结核、肿瘤等疾病使膀胱逼尿肌过度收缩,致使尿道括约肌过度松弛,以致尿液不能控制地持续地从膀胱流出,出现滴尿液现象。

(2)假性尿失禁:膀胱充盈到达一定压力时,尿液不受控制溢出。多由于下尿路梗阻或膀胱逼尿肌无力、麻痹造成膀胱过度膨胀,腹内压升高致尿流被迫溢出。常见于糖尿病患者。

(3)压力性尿失禁:腹部压力增加时出现不自主排尿。由于尿道括约肌松弛,在用力咳嗽、大笑、打喷嚏、举重物时,腹内压骤然增加,造成少量尿液不自主溢出。多见于老年女性。

(4)充盈性尿失禁:由于老年人前列腺增生、尿道狭窄、脊髓损伤、药物、粪便嵌顿等,致使老年人不能将膀胱内尿液完全排空,膀胱存有大量残余尿导致尿液不自主溢出。

(5)急迫性尿失禁:一般由急性膀胱炎等局部刺激引起,在膀胱内尿液很少,充盈度不高的情况下,出现尿意。此时病人有严重的尿急和尿频的症状。此时的尿失禁与逼尿肌收缩未被控制有关。

2. *身体状况* 尿失禁时尿道周围皮肤潮湿不适、瘙痒,影响睡眠;会阴部黏膜抵抗力下降,局部可有红肿、溃破等现象,易出现泌尿系感染。同时由于尿道周围长期处于不干爽的状态,如护理不当,极易出现压疮。

3. *心理社会状况* 老年人由于尿失禁心理压力很大,不愿外出活动,怕外出找不到厕所,怕尿骚味引起他人厌恶,特别表现出不愿与人交往,感到苦闷、孤独、抑郁、自卑等,觉得自己是家人的负担甚至产生轻生的念头。

4. *实验室及其他检查*

(1)尿常规、肾功能检查:如尿透明度、尿比重、尿素氮、肌酐等检查。

(2)逼尿肌过度活动的尿动力学检查:以此来确定逼尿肌的活动。尿道压力测验,来确定是否是压力性尿失禁。

(3)膀胱镜、B超、膀胱逆行造影:进一步明确病因。

(二)护理诊断及医护合作问题

1. *有皮肤完整性受损的危险* 与尿液长期刺激局部皮肤有关。

2. *知识缺乏* 缺乏尿失禁的防治知识。

3. *有液体不足的危险* 与长期尿失禁有关。

4. *社交障碍* 与尿失禁引起的自卑、抑郁有关。

5. *自我形象紊乱* 与尿失禁引起的不良气味有关。

(三)护理措施与健康指导

1. *治疗要点* 主要的治疗原则是,合理用药,保证适量饮水,尽量限制液体摄入,注意训练膀胱的功能。对于非手术治疗无效的压力性尿失禁可采用手术疗法。

2. *护理措施*

(1)病情观察:观察老年人的四大生命体征的变化、观察会阴部有无红肿、皮肤有无破溃及有无压疮发生。

(2)鼓励病人适量饮水:以减少尿路感染和结石的形成。如病情允许,每日应摄入液体2000~2500ml。但入睡前应限制饮水,可避免夜尿增多而引起尿失禁,同时可保证老年人有充分的睡眠时间。

(3)饮食护理:老年患者饮食应清淡,多食用富含纤维素的蔬菜和水果,以防止引起便秘,从而增高腹压引起尿失禁。

(4)心理护理:尿失禁的病人心理压力大,常表现为忧郁、自卑、丧失自尊等。护理人员要理解和尊重病人。

(5)皮肤护理:保持皮肤清洁干燥,经常用温水清洗会阴部,勤换衣裤、尿垫、床单、衬垫等。每次便后用温水清洗皮肤,在肛周涂抹氧化锌软膏等,保护局部皮肤。

(6)用药护理:现在最常用的是溴丙胺太林,尿失禁如果在夜间发生,最好在晚间临睡前口服溴丙胺太林两片。

3. 健康指导

(1)指导老年人训练膀胱肌功能。

1)若排尿有困难,可用手掌轻柔地自膀胱上方持续向下压迫,使膀胱内尿液被动排出,以此来促进排尿功能。

2)让老年人每隔1~2h排尿1次,在其他时间如老年人想要排尿嘱其尽量憋尿忍耐,直到预定时间将尿液排尽。

3)盆底肌训练,让病人取立、坐或卧位,做排尿或排便动作,先慢慢收紧盆底肌肉,再缓缓放松肌肉。连续10遍,每次10s左右,每日锻炼5~10次,以不感疲乏为宜。

(2)指导老年人建立良好的生活习惯,穿衣应穿宽松、柔软、舒适、易解易系纯棉透气衣物,减少对腹部的压力。

(3)指导家属保持被褥、衣服保持清洁干燥,保持室内空气清新,使老年人心情舒畅。

二、排尿困难

排尿困难是指排尿时须增加腹压才能排出,病情严重时膀胱内有大量尿液但不能自主排出也称为尿潴留。排尿困难常见于前列腺增生,神经性膀胱功能障碍及尿道狭窄的老年人。排尿困难的程度与疾病的情况有关。

(一)护理评估

1. 致病因素

(1)梗阻性原因

1)膀胱颈梗阻:膀胱颈部被结石、肿瘤、血块、异物阻塞。如前列腺增生、膀胱癌、膀胱颈挛缩、前列腺肿瘤、膀胱结石、子宫肌瘤等。

2)尿路梗阻:如尿道损伤、尿道肿瘤、尿道狭窄、结石、异物等。

(2)非梗阻性原因

1)药物性排尿困难:抗组胺药、抗胆碱药等均可造成膀胱收缩力减弱和排尿困难,如磺胺类制剂的药物如果用量较大、持续时间长、饮水量不足,药物便可在尿内产生过饱和结晶沉积,从而堵塞泌尿道引起排尿困难。

2)神经源性膀胱功能障碍:因膀胱排尿压力降低和膀胱逼尿肌收缩同尿道括约肌开放不协调而导致排尿困难,常伴有明显的神经系统损害的病史和体征。

3)精神性排尿困难:精神高度紧张时,直接影响支配膀胱功能的自主神经系统调节,致使膀胱张力降低,从而发生排尿困难。会阴区手术可反射性引起尿道括约肌痉挛引起排尿困难。

4)疾病性排尿困难:脊髓损害,隐性脊柱裂等器质性病变也会引起排尿困难。

2. 身体状况　患者可表现下腹部胀痛、排尿费力、排尿延迟、射程短、尿线无力、变细、中断及尿滴沥，甚至尿潴留。可伴有尿频、尿急、尿痛等膀胱刺激征的症状。

3. 心理社会状况　排尿困难患者常表现为急躁、紧张、焦虑、恐惧、悲伤、易怒等负面情绪反应。护理人员应给予安慰，并对疾病做出合理的解释，消除负面情绪，鼓励战胜疾病的信心。

4. 实验室及其他检查

(1)肛门指诊能够确定前列腺的大小、触痛、质地、表面光滑度及前列腺的肿瘤。

(2)尿常规、肾功能检查、膀胱镜检查，可以帮助确定病理变化，从而决定手术方案。

(3)尿流动力学检查。

(4)X 线检查、膀胱镜检查等，如泌尿系平片、膀胱造影、超声检查、CT 或 MRI 检查。

(二)护理诊断及医护合作问题

1. 焦虑　与担心手术有关。

2. 排尿型态异常　与膀胱梗阻、尿路梗阻有关。

3. 知识缺乏　缺乏疾病的相关信息与正确指导、对疾病过程不熟悉。

4. 潜在并发症(出血、感染)　与排尿不畅、手术后创伤有关。

(三)护理措施与健康指导

1. 治疗要点

(1)在身体状况允许的条件下多饮水：可以帮助冲刷尿道细菌。

(2)注意穿衣尽量穿着棉质内裤：因其较合成产品有较好通气及吸收功能。

(3)多进食酸性食物：包括肉类、鸡蛋、坚果、全谷类，这些有助于酸化尿液抑制细菌生长。避免食用烘烤的食物。避免饮用咖啡、茶及酒，这些有可能会刺激膀胱从而加重症状。

(4)药物治疗：可根据具体情况适当给予利尿药。严重者也可采用导尿术来进行治疗。

2. 护理措施

(1)提供隐蔽的排尿环境：酌情关闭门窗，如同病室有其他患者用屏风进行遮挡，保护老年患者的隐私，请无关人员回避。也可适当调整治疗和护理时间，使患者安心排尿。

(2)心理护理：护理人员应关心体贴患者，消除其焦虑和紧张等不良情绪。

(3)按摩：如果膀胱胀满难忍，排尿困难，时间过长可在膀胱区进行按摩。操作者位于患者的左侧或右侧，一般位于右侧，两手置于患者下腹部，轻轻推揉膨隆的膀胱 10～20 次，促使腹肌松弛。

(4)调整体位和姿势：协助患者取适当的体位，在病情允许的情况下抬高上身或者坐起排尿，尽可能是使用患者已习惯的排尿姿势。对需绝对卧床休息或某些手术患者，要有计划地进行术前训练床上排尿，以免因排尿姿势的改变而导致排尿困难。

(5)诱导排尿：利用某些条件反射诱导患者排尿，可打开自来水水龙头或交替向盆内倒水等产生流水声，还可将患者双手置于温热水内或者使用温水冲洗会阴部，也可在下腹部交替使用热敷和冷敷等方法。

(6)药物治疗：必要时遵医嘱给予新斯的明、卡巴胆碱等进行肌内注射。

(7)导尿术：经上述处理不能解除排尿困难时，可采用导尿术。导尿术是需要严格执行无菌操作的，可通过导尿管将尿液引出，从而达到治疗排尿困难的作用。

3. 健康指导

(1)教育患者预防尿潴留，养成定时和及时排便的习惯。

(2)患者应适量饮水，每日2000~2500ml均可，适量饮水可防止尿路感染，饮水后1~3h鼓励患者排尿。入睡前限制饮水，以免夜尿频繁影响患者休息。

(3)淋浴，如必须泡澡，水中不要加入浴盐、油剂、香水及其他化学性刺激物，以免引起膀胱炎症。

重点提示

尿失禁患者在排尿后要注意保护臀部及会阴部皮肤，以免发生压疮，排尿困难的患者一般可伴有尿频、尿急、尿痛症状。

第八节 视力与听力减退

案例分析

患者，女，75岁，平素独居，生活能够自理。但近半年来，老人自觉视力下降，看东西模糊不清，听力也不如从前，经常是别人和自己说话只看到口在动，却听不清内容，需要别人提高音量才能听清，既往糖尿病病史10年。

请分析：根据以上所给案例，通过分析，应对该患者给予什么样的护理？

一、视力减退

老年人视力减退是指随着年龄的增长，眼部器官逐渐衰退，以及疾病的影响，导致眼睛分辨物体的大小、形态及细微结构的能力下降。人体最重要的感觉就是视觉，随着年龄的不断增长，视觉功能却是在不断地减退。而老年人常患有的一些疾病也会影响眼睛的供血，如糖尿病、心血管系统疾病等。

(一)护理评估

1. 致病因素

(1)炎症：是引起视力障碍最常见的原因。

1)感染性：由细菌、病毒、衣原体、真菌等引起的角膜炎、角膜溃疡、眼内炎、全眼球炎、眼眶蜂窝织炎等。

2)非感染性：疱性角膜炎、角膜基质炎、交感性眼炎等，也可引起老年人视力下降。

(2)疾病：如白内障、视网膜病变、脑瘤、动脉粥样硬化、糖尿病等均可致老年人视力减退。老年人黄斑变性，是视力减退的首要病因。

(3)吸烟：长期大量吸烟，可以引起中毒性视神经病变，因此，疾病而丧失的视力不易恢复。

(4)老视(俗称老花眼)：是人体老化的象征。由于晶状体弹性减弱或丧失，调节功能减退，使视觉功能逐渐老化而衰退。屈光不正、近视、远视、散光等也可使老年人的视力减退。

(5)饮食：人体内缺硒时，透明的晶状体可能发生混浊而出现白内障。所以平时要适量地食用富含硒的食物。

2. 身体状况　老年人视物困难，对颜色的辨别较差，在看书报时必须放远才能看清，在光线不足的情况下更为明显。随着年龄的增长视力的减退愈见明显，以至将书报放远也不能看清。为了能将近的目标看清楚，需要增加调节，持续时间较长，老年人常感到眼睛疲劳难忍。

3. 心理社会情况　由于视力减退，影响老年人读书看报、看电视等日常生活，视力减退使老年人外出变得不方便，影响了老年人人际交往，使老年人自信心降低，甚至产生消极悲观的情绪。

4. 实验室及其他检查

(1)视力和视野检查：包括远视和近视检查，远视力不佳、近视力尚好为近视、散光等。

(2)外眼检查：眼睑、眼眶与眼球、角膜、前房、虹膜、瞳孔和晶体。

(3)玻璃体及眼底检查：以检查玻璃体有无混浊和出血，以分辨各种眼科疾病，如白内障、青光眼、视网膜中央静脉阻塞等。

(二)护理诊断及医护合作问题

1. 自理缺陷　与视力减退有关。

2. 有受伤的危险　与视力减退有关。

3. 感知改变或视力减退　与晶状体的弹性减退有关。

4. 社交障碍　与视力减退有关。

(三)护理措施与健康指导

1. 治疗要点　主要治疗要点是对老年人实施祛除致病因素，积极治疗原发病和引起视力减退的疾病。用药治疗中，密切观察老年人的各项生命体征，定期对老年人进行视力测试和检查，随时观察治疗效果。

2. 护理措施

(1)居室阳光应充足，提高室内照明度以改善视力。晚间应设有夜视灯，最好是设有柔和光线的地灯，但应避免光线直射双眼及刺眼的强光照射。

(2)老年人应定期检测视力，以确定视力减退的程度；让老年人明确视力减退对阅读、社会活动和日常生活的影响，帮助其制订生活计划。

(3)加强营养，平时应注意摄入富含维生素A、维生素C及钙、铬、锌的食物，每日摄入7种以上蔬菜，不要食入过于单一化，经常食用豌豆、酵母和鱼类食品，满足老年人多种维生素和营养的需要，以帮助改善视力。

(4)生活环境中的物品位置应固定，眼镜、放大镜、台灯等应放在便于拿取的地方。

(5)外出时一定要注意安全，白天光线充足，视物可看清，应尽量白天外出。穿行马路时，要先看左右再过人行横道；从亮处到暗处时，应等适应后再走。

(6)配合医生，积极治疗引起视力减退的疾病。

3. 健康指导

(1)指导老年人配镜前要到正规、有资质的医院进行验光，确定有无近视、远视和散光，帮助老年人选择合适的镜架和镜片，最好选用记忆金属的眼镜框，框架较轻，戴上比较舒适。

(2)指导老年人戴眼镜工作或看书，1h左右取下眼镜，在窗前眺望，缓解视疲劳。戴眼镜后若出现头痛、视物模糊、头晕，可能与戴眼镜时间长，应及时予以处理。

(3)告知患有糖尿病、心血管病的老年人，应6个月检查眼睛1次。超过65岁的老年人即使没有糖尿病、心血管病史和家族史，也应1年检查1次，以明确视力减退的程度。对近期自觉低视力或眼球胀痛伴头痛的老年人，应立即做眼科检查。

(4)指导老年人正确使用滴眼液。

二、听力减退

随着年龄的增长，感觉功能逐渐老化，其中听觉变化较大，双耳听力进行性下降，出现听力的减退。老年性耳聋是指双耳听力对称性进行性减退，以高频听力的减退为主的感音神经性聋。应有针对性地给老年人提供帮助，尽量提高老年人的生活质量。

（一）护理评估

1. 致病因素

(1)药物影响：如链霉素、卡那霉素等氨基糖苷类抗生素是重要的耳毒性药物；奎宁、阿司匹林等药物也对听神经有毒性作用。

(2)不良嗜好及习惯：长期吸烟可以引起或加重心脑血管疾病，尤其是烟中的尼古丁可使小血管痉挛，使内耳供血不足，影响听力；经常挖耳习惯有损伤鼓膜的可能。

(3)生理因素影响：老年人外耳道的神经末梢日趋萎缩导致感音迟钝；随着年龄的增长耳郭表面皱襞松弛，收集声波和辨别声音方向的能力下降；听神经功能逐渐减退。

(4)疾病影响：中耳炎病史或长期耳鸣也可致听力减退。

(5)饮食血脂代谢状况：长期高脂饮食和体内脂肪代谢异常可增加老年性聋患病率。

(6)噪声：询问有无噪声接触史。长期接触噪声可使听觉器官经常处于兴奋状态，极易产生疲劳。同时噪声刺激还可使脑血管处于痉挛状态，从而导致听觉器官供血不足而致聋。

2. 身体状况　患者听力减退为缓慢的进行性加重，常以高频听力减退为主，对于低声的语言不容易听清楚，言语理解不连贯，常常打岔。常有听觉重振现象，即低音听不见，高音又感觉刺耳难受。出现听得见声音，听不清内容的情况，经常需要别人重复或提高声音与之交流。

3. 心理社会状况　由于听力减退，严重影响老年人的社交活动，妨碍了老年人的正常生活，使老年人产生孤独感和消极悲观的负面情绪，使老年人的生活自信心下降，严重损害其身心健康。

4. 实验室及其他检查

(1)中耳及外耳道检查：因耵聍阻塞耳道而引起的听力减退可以得以排除。

(2)听力测定：正常听力为每个频率≤25dB，频率在26~40dB为轻度听力减退，频率在41~55dB中度听力减退，频率在56~70dB重度听力减退，频率在71~90dB极重度听力减退，频率≥100dB为全聋。

(3)影像学检查：确定病变部位、范围及程度。

（二）护理诊断及医护合作问题

1. 社会隔离　与听力下降有关。

2. 焦虑　与听力减退有关。

3. 社交障碍　与听力减退或丧失有关。

4. 感知改变　听力减退与听力受损有关。

5. 有受伤的危险　与听力减退有关。

6. 舒适状态改变　与眩晕、恶心、呕吐、耳鸣有关。

（三）护理措施与健康指导

1. 治疗要点　对听力减退的老年人主要采取的治疗措施有对症治疗，找到原发病，根据原发病进行有效治疗。对老年患者进行合理用药，避免使用耳毒性强的药物。

2. 护理措施

（1）创造良好的交谈环境和方式：老年人的居住环境应安静，避免长时间噪声刺激，学会合理运用非语言沟通的技巧，如点头、微笑、手势等以增强与老年人沟通的效果。

（2）佩戴助听器：根据病情程度，指导佩戴助听器。

（3）心理护理：护理人员应加强与老年人的沟通交流，帮助老年人接受听力减退的现实。

（4）合理用药：避免使用耳毒性药物，如链霉素、庆大霉素等。若必须使用时要严格按照医嘱执行。

（5）加强运动：体育锻炼能够促进全身血液循环，从而改善内耳的血液循环。帮助老年人选择适合的体育运动项目，尽量选择有氧运动，如太极拳、散步、慢跑等。

（6）饮食护理：饮食结构要合理，营养要均衡。饮食应清淡，多摄入新鲜的蔬菜和水果。

3. 健康指导

（1）教会老年人用手掌和手指按压耳朵，环形按揉耳屏，3~4 次/天，促进耳部血液循环。

（2）指导老年人生活应有规律，保证充足的睡眠，保持愉快的心情。戒烟限酒，保持耳部清洁卫生，纠正经常挖耳的不良习惯。

（3）积极治疗高血压、高脂血症、糖尿病、冠状动脉粥样硬化性心脏病等老年常见疾病，对减缓听力减退起着积极的作用。

（4）告知老年人外出注意安全，最好有家人或朋友陪同。听力减退时，应引起重视，及时到医院就诊，在专科医生的指导下服用药物及配用适当的助听器。

重点提示

老年人黄斑变性，是视力减退的首要病因。患有糖尿病、心血管病的老年人，应 6 个月检查眼睛一次。链霉素、庆大霉素等耳毒性药物极易引起听力减退，切记遵医嘱服用。

讨论与思考

1. 黄女士，72 岁，高血压、冠心病史 15 年，3 年前曾患脑梗死。体型肥胖，性格孤僻，不愿与其儿女同住，走路不稳，时常在家中跌倒，其女儿讲：老年人爱吃甜食，饮食不规律。夜间鼾声如雷，时有憋醒。

问题：

（1）针对该老年人鼾症的有哪些护理措施？

（2）预防跌倒的护理措施有哪些？

2. 王女士，69 岁，类风湿病史 30 年，右手关节明显变形，影响日常生活，每遇阴雨、降温关节疼痛明显，因行动不便，时常呆坐不动，饮食少，为避免上厕所，饮水也少，时常便秘。体检：

体重评估，漏斗胸，肋骨清晰，右手示指与中指第1指关节均变形，身高163cm，体重40kg。

问题：

(1)针对该患者的疼痛的护理措施有哪些？

(2)计算该患者体重指数，是否有消瘦？

(3)对该患者便秘症状怎样进行健康指导？

3. 魏先生，76岁。以"尿潴留"入院。3年来尿频、排尿时有尿滴沥不尽。护理体检：生命体征、心肺听诊正常。膀胱区膨隆，耻骨上叩诊浊音，按压有尿意。超声显示：膀胱充盈，前列腺增大。请问：该患出院后应进行哪些健康指导？

4. 邹先生，80岁，视力、听力减退2年，因此，不敢外出，活动量也因此减少，与他人交流也少，在家中时常被碰倒。

问题：对该患者视力、听力减退应采用什么样的健康指导？

(林丽丽)

第 7 章

老年人常见的疾病与护理

学习要点

1. 老年人常见疾病的护理评估
2. 老年痴呆、老年帕金森病、老年猝死及老年恶性肿瘤病人的身体状况及护理措施
3. 老年骨质疏松、退行性骨关节病及老年糖尿病病人的健康指导
4. 老年慢性阻塞性肺疾病患者的身体状况及护理措施
5. 老年心脑血管疾病的危险因素、身体状况及护理措施

老年病是指老年人高发的疾病。我国老年人前4位常见病依次是:高血压、冠状动脉粥样硬化性心脏病、脑血管病和恶性肿瘤。老年人由于抵抗力下降,导致感染性疾病发病率高,且易致菌血症和败血症。同时,因器官组织老化而引起的一些老年高发疾病,如心脑血管病、退行性骨关节病、恶性肿瘤及痴呆等成为威胁老年人生存和影响生活质量的重大问题。本章重点选择了9类老年人常见病,按照护理程序做完整、详尽地介绍。

第一节　老年性痴呆

案例分析

患者,男,72岁,退休工人,初中文化。因渐进性智力减退3年,于2012年5月入院。近3年来逐渐出现记忆力减退,开始表现为近期发生的事容易遗忘,常常丢三落四,读报看书后不能回忆内容,症状逐渐加重。近1年记忆力进一步下降,忘记要做的事,记不清物品放在何处,经常认错人和迷路。近2个月来,病情加重,不认识家人朋友,说话颠三倒四,个人生活不能自理,常独自发呆,从不主动与人交谈,不关心家人。

请分析:该患者可能发生的问题是什么?如何对该患者进行健康指导?

老年性痴呆(又称阿尔茨海默症)系指老年人在无意识的情况下,出现持续时间较长(6个月以上)进行性智能缺损,并有脑组织特征性病理改变的一种精神疾病。其基本特征是近远期记忆损害,伴有抽象思维、判断力以及其他高级皮质功能障碍或人格改变。其最初的征兆就是失忆,逐渐表现为忘掉过去、忘掉现在、忘掉家人,直至忘掉自己。

重点提示

老年性痴呆最初的征兆就是失忆(记忆力下降)。

一、护理评估

(一)致病因素

阿尔茨海默症是一种中枢神经系统原发性退行性疾病,病因至今不明,一般认为与下列因素有关。

1. 高龄　年龄越大发生老年性痴呆的概率越高,是脑组织退行性病变唯一明确危险因素。

2. 遗传因素　有家族史的人患病概率高。

3. 不良的生活方式　如吸烟、酗酒、不合理饮食、缺乏锻炼、与社会交流少。

4. 文化水平低　受教育程度越低,患病率越高。

5. 各种疾病　如动脉硬化、高血压、糖尿病、冠状动脉粥样硬化性心脏病、脑卒中、脑炎、免疫功能障碍、脑外伤、铝中毒等因素可诱发痴呆。

(二)身体状况

根据病情演变,老年性痴呆临床一般分为3期。

第1期(遗忘期):首发症状为记忆力减退,语言能力下降,情绪不稳,认知能力和定向力障碍,能保持日常生活自理能力,一般不需特别照顾,此期1~3年。

第2期(混乱期):认知能力进一步减退,明显定向力障碍,计算力下降,失认、失语、失用和失写;人格改变和行为紊乱,出现幻觉或妄想、攻击行为;患者不能独立生活,需要特别照顾。此期为2~10年。

第3期(极度痴呆期):缄默不语,无自主运动,卧床或坐轮椅,大小便失禁,生活完全不能自理,智能趋于丧失。常因为压疮、骨折、肺炎、营养不良等继发躯体疾病或衰竭而死亡,此期为8~12年。

(三)心理社会状况

病人表现为情绪不稳、抑郁、淡漠、焦虑、易激惹、纠缠人等。由于痴呆病人自理缺陷、人格障碍,同时病程长,需家人照顾,常给家人带来很大烦恼,有些家属失去信心,甚至冷落、嫌弃病人。

(四)实验室及其他检查

1. 脑电图　可显示病情的严重程度。

2. 脑影像学　CT、MRI显示皮质性脑萎缩和脑室扩大伴脑沟增宽,且进行性加重;

SPECT显示额、顶、颞叶代谢紊乱明显;PET可测得大脑的葡萄糖利用和灌流在某些脑区有所降低。

3. 心理测验　可用于痴呆筛查。通过认知量表评估痴呆的程度。

二、护理诊断及医护合作问题

1. 记忆受损　与记忆进行性减退有关。

2. 语言沟通障碍　与思维障碍有关。

3. 自理能力缺陷　与认知、行为障碍有关。

4. 思维过程紊乱　与思维障碍有关。

5. 照顾者角色紧张　与老年人病情严重和病程的不可预测及照顾者照顾知识欠缺、身心疲惫有关。

三、护理措施与健康指导

(一)治疗要点及护理措施

1. 重视病前调护　可预防或减缓痴呆的发生。

2. 预防和治疗躯体疾病　定期进行体格检查。

3. 日常生活护理　包括个人卫生、起居、大小便等。

4. 饮食护理　饮食应定量、定时;防噎食及呛咳,防误咽,防暴饮暴食。

5. 安全护理　防止病人走失、跌伤、烫伤、中毒及自杀。

6. 心理护理　对待病人要理解、宽容,给予爱心。

7. 改善家庭环境　常用物品标志明显。

8. 加强病人的功能训练　包括口语锻炼、肢体康复训练,思维灵活性训练,如拼图游戏;分析和综合能力训练等。

(二)健康指导

1. 及早发现　开展科普宣传,普及老年期痴呆的相关知识。重视对痴呆症状的早期发现,鼓励有记忆力明显减退的老年人及早就医,定期做体格检查。

2. 早期预防　治疗原发病,控制动脉硬化、糖尿病、高血压和肥胖等病。早发现、早治疗。均衡饮食,均衡摄取蛋白质、食物纤维、维生素和矿物质,低盐、低动物性脂肪、低糖饮食,降低血脂,减少动脉硬化。科学用脑,劳逸结合,避免过度操劳和精神紧张,充分休息,情绪稳定,积极乐观,使血压稳定,保持脑细胞活力和精力旺盛。改变不良嗜好,避免过度饮酒、吸烟。减少铝质炊具的使用。合理用药,尽量减少镇静药及抗抑郁药等的使用。

3. 智能康复训练　通过语言、动作、声音、图像等信息刺激,进行记忆训练,提高记忆力。通过由易到难的数字计算、拼图等训练,进行智力训练。创造机会训练老年人的社交及理解和表达能力。

重点提示

老年性痴呆的发生重在预防。

第二节 老年猝死

案例分析

患者,男,66岁,冠心病、心绞痛病史15年,2h前猝死家中。既往血压正常,否认糖尿病等家族遗传病史,吸烟史40年。猝死前2个月常规体检:身高172cm,体重64kg,呼吸16次/分,血压130/90mmHg,脉搏68次/分,双肺底未闻及湿啰音,心界略向左下扩大,心率68次/分,律齐,心尖区未闻及杂音,肝脾未及肿大,双下肢无水肿。实验室检查:空腹血糖5.2mmol/L,血胆固醇5.1mmol/L,肝肾功能检查正常。

请分析:此案例中患者最可能的猝死原因是什么?

猝死是指平素健康的人或病情稳定或正在改善中的患者,突然发生意料之外的循环、呼吸停止,在发病6h内死亡。猝死作为临床突发事件,由于发病急骤,出人意料,常得不到有效的救治,会导致死亡。随着人口的老龄化,老年猝死屡见不鲜,根据调查资料表明,老年猝死在人群中的发病率为29.5/10万。

一、护理评估

(一)致病因素

1. 心脏性猝死　是最为多见的猝死原因,是指急性症状发作后1h内发生的以意识突然丧失为特征的、由心脏原因引起的自然死亡。其中80%由冠心病及其并发症引起,其他,如主动脉瓣狭窄、肥厚型心肌病、急性重症心肌炎、心律失常、心力衰竭、急性心脏压塞等。

2. 卒中性猝死　一般脑卒中引起的猝死从发病到死亡时间可达数小时至1d。①多见于出血量多、出血速度快、累及重要生命中枢的出血性卒中。②范围大、累及重要部位的缺血性卒中。③有冠心病心房颤动,并伴有左心房血栓形成者,一旦血栓脱落进入脑血液循环,造成多发性脑梗死,易发生猝死。④原有脑卒中病史、脑软化者,再度卒中也易发生猝死。

3. 肺源性猝死　慢性支气管炎、肺气肿、支气管哮喘患者,可因为夜间严重低氧血症、呼吸性酸中毒而猝死。这种情况常不发生于哮喘严重发作状态,而发生于病情相对稳定时,特别是长期使用激素者,突然停用激素时更易发生猝死。慢性支气管炎、肺气肿患者,如过量使用止喘气雾剂,可引起支气管痉挛,出现窒息缺氧,导致猝死。长期卧床老年人,因体弱无法用力咳嗽排痰,可致痰栓阻塞气道,继发肺部感染时尤重,从而导致肺源性猝死。近年来,肺栓塞的发病率越来越高,在老年猝死的病因中占有重要的地位。

4. 噎食性猝死　老年人咀嚼功能差,吞咽反射不敏感,在饮酒后反应更为迟钝,在进食、饮酒时常会发生噎食。大块食物团块可阻塞大气道,引起窒息死亡。这种死亡常突然发生,病人无法言语,常用手指着喉部,随之颜面发紫,两眼上翻,猝然倾倒。

(二)身体状况

判断心脏停搏的典型特征是意识丧失和大动脉搏动消失,具体表现如下。

1. 心音消失。

2. 颈、股动脉搏动消失,血压测不出。

3. 意识突然丧失或伴有短阵抽搐。
4. 呼吸断续,呈叹息样或短促痉挛性呼吸,随后呼吸停止。
5. 瞳孔散大。
6. 面色苍白或青紫明显。

重点提示

判断猝死的主要指标是呼吸和心搏停止。

二、护理诊断及医护合作问题

急性意识丧失与心脏停搏和呼吸停止有关。

三、护理措施与健康指导

1. 治疗要点及护理措施　一旦确认病人循环和呼吸功能停止,应迅速、准确、熟练地进行抢救,保证心、肺、脑复苏成功,详见《急救护理学》相关内容。

2. 健康指导

(1)积极防治可能发生猝死的疾病,如冠心病、高血压病、糖尿病、高脂血症、脑卒中等。

(2)避免引起猝死的诱因,老年人应保持生活规律,避免过度紧张和劳累、剧烈的体力劳动、情绪激动等;坚持低胆固醇、低动物脂肪,减少含糖的饮食,避免暴饮暴食。体重超重者应适当减轻体重。

第三节　老年骨质疏松

案例分析

患者,女,72岁,慢性腰痛10余年,3h前不慎跌倒,跌倒后出现右髋部疼痛、肿胀,不能站立和行走。送往医院X射线检查显示右股骨颈骨折。

请分析:如何对骨质疏松患者进行健康指导?

骨质疏松是一种以骨量低下,骨微细结构破坏,导致骨脆性增加,易发生骨折为特征的全身性骨病。该病可发生于不同性别和任何年龄,但多见于绝经后妇女和老年男性。骨质疏松分为原发性和继发性两大类。继发性骨质疏松主要由内分泌代谢疾病或全身性疾病所致。原发性骨质疏松分为两型:Ⅰ型即绝经后骨质疏松;Ⅱ型即老年骨质疏松,是机体衰老在骨骼方面的一种特殊表现,也使骨质脆性增加导致骨折危险性增大的一种常见病。

一、护理评估

(一)致病因素

1. 不可控制因素　人种(白种人和黄种人患骨质疏松的危险高于黑种人)、老龄、女性绝经、母系家族史。

2. 可控制因素　低体重、性激素低下、吸烟、过度饮酒、咖啡及碳酸饮料等、体力活动缺乏、饮食中钙或维生素D缺乏(光照少或摄入不足)。

(二)身体状况

1. 疼痛　是本病的早期症状,患者可有腰背酸痛或全身酸痛,负荷增加时疼痛加重或活动受限,严重时翻身、起坐及行走有困难。

2. 脊柱变形　骨质疏松严重者可有身高缩短和驼背。椎体压缩性骨折会导致胸廓畸形,腹部受压,影响心肺功能等。

3. 骨折　是导致老年骨质疏松患者活动受限、寿命缩短的最常见和最严重的并发症。轻度外伤或日常活动后发生骨折为脆性骨折。发生脆性骨折的常见部位为胸、腰椎、髋部、桡骨、尺骨远端和肱骨近端。其他部位亦可发生骨折。发生过一次脆性骨折后,再次发生骨折的风险明显增加。骨折后易发生坠积性肺炎、压疮、泌尿系感染、下肢静脉血栓等。

重点提示

老年骨质疏松患者主要表现为疼痛、脊柱变形、骨折。

(三)心理社会状况

由于机体不适和身体外形的改变,给老年人增加了心理负担,身体形象的改变严重挫伤了老年人的自尊心,老年人可能因此而不愿进入公共场合,也会因身体活动不便或担心骨折而拒绝锻炼,从而不利于身体功能的改善。

(四)实验室及其他检查

1. 生化检查　血钙、血磷、血碱性磷酸酶(AKP)及尿磷均正常,血浆骨钙素升高,尿钙可偏高,尿羟赖氨酸糖苷可能升高。

2. X射线检查　用X射线摄片法诊断骨质疏松的敏感性和准确性较低,只有当骨量丢失超过30%时才能在X射线片上显示骨质疏松,表现为皮质变薄、骨小梁减少变细,骨密度减低、透明度加大,晚期出现骨变形及骨折。其中锁骨皮质厚度下降至3.5~4.0mm时易伴有椎体压缩性骨折。

3. 骨矿密度检查　骨矿密度(BMD)简称骨密度,是目前诊断骨质疏松、预测骨质疏松性骨折风险、监测自然病程以及评价药物干预疗效的最佳定量指标。国际上对骨质疏松的诊断标准,骨密度或骨矿物较同性别减少25%以上可诊断为骨质疏松。

二、护理诊断及医护合作问题

1. *疼痛*　与骨质疏松、骨折及肌肉疲劳、痉挛有关。

2. *躯体活动障碍*　与骨痛、骨折引起的活动受限有关。

3. *潜在并发症*　骨折与骨质疏松有关。

4. *情境性自尊低下*　与椎体骨折引起的身长缩短或驼背有关。

三、护理措施与健康指导

(一)治疗要点及护理措施

1. *休息与活动*　体育锻炼是增加骨密度、降低骨丢失的重要措施。对能运动的老年人，每天进行适当的体育活动以增加和保持骨量；对因为疼痛活动受限的老年人，指导老年人维持关节的功能位，每天进行关节的活动训练，同时进行肌肉的等长、等张收缩训练，以保持肌肉的张力。对因为骨折而固定或牵引的老年人，要求每小时尽可能活动身体数分钟，如上下甩动臂膀、扭动足趾，做足背屈和跖屈等。

2. *营养与饮食*　从预防骨质疏松的角度，合理膳食首先应注意补充充足的钙。补钙首先要从食物中补，应鼓励老年人多摄入含钙和维生素 D 丰富的食物，含钙高的食物有牛奶、乳制品、鱼类、豆制品、芝麻酱、海带、虾米等，富含维生素 D 的食品有禽、蛋、肝、鱼肝油等。注意烹饪方法，如煮骨头汤时可加适量醋，可以帮助食物中钙的溶解，促进吸收。其次合理膳食还要注意蛋白质、脂肪、磷、氟、铁的正常补充，因为这些成分在骨吸收和生成的过程中起着重要作用。

3. *减轻或缓解疼痛*　指导患者做放松骨骼肌张力的方法，以减轻疼痛程度。卧床休息可使腰部软组织和脊柱肌群得到松弛，可显著减轻疼痛。休息时，应卧在加薄垫的木板或硬棕床上，仰卧时头不可过高，在腰下垫一个薄枕。也可通过洗热水浴、按摩、擦背以促进肌肉放松。还可选用其他控制疼痛的方法，如音乐治疗、暗示疏导等。对疼痛严重者可遵医嘱，使用镇痛药、肌肉松弛药等药物，对骨折者应通过牵引或手术方法最终缓解疼痛。

4. *预防并发症*　为老年人提供安全的生活环境，如光线应充足，地面避免光滑或潮湿，卫生间和楼道安装扶手等；指导老年人选择舒适、防滑的平底鞋，裤子或裙子不宜过长，以免上下楼梯时踩地摔倒；日常用品放在容易取到之处。尽量避免弯腰、负重等动作。对已发生骨折的老年人，制订翻身计划，应每 2 小时更换卧位一次，保护和按摩受压部位，鼓励患者进行有效的咳嗽和深呼吸，做被动和主动的关节活动训练，定期检查，防止并发症的发生。

5. *用药护理*　治疗骨质疏松的药物按照其作用可分为 3 类。

(1)抑制骨吸收的药物：这类药物主要有雌激素、降钙素、双膦酸盐，主要是通过抑制破骨细胞形成或抑制破骨细胞的活性，从而抑制骨的吸收减缓骨钙的丢失。应用此类药物通常与钙及维生素 D 制剂特别是活性维生素 D 制剂同时服用。

(2)促进骨形成的药物：此类药物主要有氟化物、硝酸镓、雄激素、依普拉封、甲状旁腺激素、细胞调控因子等，此类药物能刺激成骨细胞的活性，使新生骨组织及时矿化形成新骨，能降低骨脆性，增加骨密度及骨量。但因骨形成需要大量的钙、磷等矿物质，故服用此类药物时最好加用钙剂及维生素 D 制剂。

(3)促进骨矿化药物：主要为钙剂和活性维生素 D，是防治骨质疏松的基础用药。常用钙剂有碳酸钙、氯化钙、乳酸钙制剂，它常和维生素 D 联合应用，若单独补钙，则不利于吸收。目前，常用的维生素D类药物主要有维生素D_3、阿法骨化醇（αD3）、骨化二醇、骨化三醇、双氢速甾醇等。在用药过程中要严密观察各种药物的不良反应。

6. *心理护理* 鼓励关节变形和活动受限引起自我形象紊乱的患者，在康复师的指导下正确锻炼，保持功能和体形。指导老年人穿宽松的上衣掩盖形体的改变，也可穿背部有条纹或其他修饰的衣服改变人的视觉效果。强调老年人的资历、学识或人格方面的优势，使其认识到个人的力量，增强自信心，调节自我，适应自我形象的改变。

（二）健康指导

1. *增加对疾病的认识* 预防比治疗更重要，向患者介绍骨质疏松发生的原因、表现及治疗方法。教育老年人摄入足够维生素D、钙，戒烟、少饮酒和咖啡，坚持经常适量运动，加强保护意识，预防骨质疏松和骨折。

2. *日常生活指导* 指导老年人每日做适当的活动和户外日光照晒，避免用力，学会在辅助工具协助下完成日常活动。

3. *用药指导* 指导老年人定时定量服药，且应在饭前1h及睡前服用可咀嚼的钙片，钙剂应与维生素D同时服用。教会老年人观察各种药物的不良反应，明确各种不同药物的使用方法及疗程。

重点提示

为了帮助钙剂吸收，服用钙剂的同时应服用维生素D。

第四节 老年退行性骨关节病

案例分析

患者，女，66岁，间歇性右膝关节疼痛12年。2d前出现蹲下或突然站起时膝关节疼痛加重，呈持续性。即送院检查，X射线检查显示膝关节间隙狭窄，关节处骨质疏松，骨质增生。

请分析：如何制定此患者的治疗及护理措施？

老年退行性骨关节病又称骨关节炎，是一种因关节软骨退行性变，关节软骨增生、骨化而致的慢性退行性关节疾病。好发于负重关节，如髋关节、膝关节、颈椎、下腰椎以及手指等。临床可产生关节疼痛、活动受限和关节畸形等症状，是老年人致残的主要原因之一。其患病率随着年龄增长而增加，女性比男性发病率高。

一、护理评估

（一）致病因素

临床上骨关节病常分为原发性和继发性。引起骨关节病的病因，原发性和继发性有所不同。

1. 原发性　其发病与一般易感因素、机械与外伤因素有关。易感因素包括遗传因素、老龄、肥胖、性激素水平下降、吸烟等。机械与外伤因素包括长期不良姿势导致的关节形态异常、长期从事反复使用关节的职业或剧烈的文体活动对关节的磨损等。老年退行性骨关节病绝大部分为原发性，老年性关节组织变化，再加上长期慢性创伤，过多地承重与牵拉是主要的发病因素。

2. 继发性　关节先天性畸形、关节创伤、关节面后天性不平衡等可导致继发性骨关节炎。

（二）身体状况

1. 关节疼痛　是本病最常见症状，早期疼痛较轻，多在活动或劳累时发生，休息后减轻或缓解。随病情发展，疼痛逐渐加重，后期则休息时也感到疼痛，且常有夜间痛发生，过度劳累可使疼痛突然加重。膝关节病变在上下楼梯、久坐或下蹲后突然起身可导致关节剧痛；髋关节病变疼痛常自腹股沟传导至膝关节前内侧、臀部及股骨大转子处、大腿后外侧放射。

重点提示

老年退行性骨关节病最常见症状为关节疼痛。

2. 关节僵硬　早期轻微，仅在晨起或久坐后关节活动不灵活，活动后可恢复，时间不会超过30min。但到疾病晚期，关节不能活动将是永久性的。

3. 关节肿胀、畸形　合并滑膜炎时常出现肿胀，以膝关节多见。病情发展严重者可有肌肉萎缩及关节畸形。

4. 功能受限　受累关节因关节变形而活动受限，活动关节时有不同的响声或摩擦声。此外，脊柱关节受累时还可出现脊髓、神经根受压迫或刺激症状。

（三）心理社会状况

因反复或持续的关节疼痛、功能障碍和关节肿胀、畸形，影响正常的生活和活动，随之社会交往减少；功能障碍加重了老年人的无能为力感，使老年人产生自卑心理；疾病的迁延不愈使老年人对治疗失去信心，产生消极悲观的情绪。

（四）实验室及其他检查

根据影像学检查具有特征性改变，评估关节损坏的程度。

1. X射线平片　X射线片显示受累关节间隙狭窄，关节处的骨质疏松，骨质增生或关节膨大，乃至关节变形，软骨下骨板硬化和骨赘形成是骨性关节炎的基本X射线特征。严重者关节面萎缩、变形和半脱位。

重点提示

X射线检查应重点观察软骨下骨板硬化和骨赘形成的情况。

2. CT及MRI　CT和MRI检查能清晰显示关节病变，椎间盘突出，后纵韧带增厚钙化等，对骨关节炎有诊断意义。MRI检查不但能发现早期的软骨病变，而且能观察到半月板、韧带等关节结构的异常。

二、护理诊断及医护合作问题

1. *疼痛* 关节痛与关节退行性变引起的关节软骨破坏及骨板病变有关。

2. *躯体活动障碍* 与关节疼痛、畸形或脊髓受压所引起的关节或肢体活动困难有关。

3. *活动无耐力* 与躯体活动受限及自我贬低的心理压力有关。

4. *有自理能力缺陷的危险* 与疾病引起的活动障碍等有关。

三、护理措施与健康指导

(一)治疗要点及护理措施

1. *一般护理* 患本病的老年人宜动静结合,急性期应限制关节的活动以不负重为宜。对肥胖老年人更应坚持运动锻炼,如游泳、太极拳等,饮食应减少高脂、高糖食物的摄入。

2. *减轻疼痛* 髋关节骨关节炎的老年人,通过减轻关节负重和适当的休息,是缓解疼痛的重要措施,疼痛严重者,可采用卧床牵引限制关节活动。膝关节炎的患者除适当休息外,可通过上、下楼梯时使用扶手、坐位站起时手支撑扶手的手法减轻关节承受的压力,膝关节积液严重时,应卧床休息。局部理疗和按摩,可以改善血液循环,解除痉挛,对任何部位的关节炎都有一定的镇痛作用。

3. *增强自理能力及功能锻炼* 活动受限的老年人,根据自身条件及受限程度运用辅助器或特殊的设计以帮助或提高患者的自理能力。防止关节粘连和功能障碍,可通过正确的功能锻炼来保持病变关节的正常活动。如髋关节早期做踝、足部的锻炼,尽量让患者做股四头肌的收缩,撤牵引后可在床上练习髋关节活动,最后扶拐下地活动,膝关节早期可进行股四头肌伸缩的锻炼,中后期再练屈、伸、旋转活动等。

4. *手术后的护理* 对于晚期骨关节炎患者,症状较重畸形明显者,可行人工关节置换术。髋关节置换术后要给予皮牵引,保证患者在牵引时保持舒适及有效牵引。

5. *用药护理* 在病变的急性期,可在物理治疗的基础上加用药物治疗。常用药物包括以下几类。

(1)非甾体消炎药(NSAIDs):非甾体消炎药是治疗老年骨关节炎的传统用药。对于中度、重度骨关节炎患者来说,首先推荐使用此类药物。临床常用的包括非特异性 COX 抑制药(双氯芬酸、布洛芬、萘普生等)、倾向性 COX-2 抑制药(萘丁美酮、美洛昔康等)以及特异性 COX-2 抑制药(昔布类),由于 NSAIDs 药物具有导致胃肠出血和增加肾毒性的危险,在应用时应谨慎。

(2)软骨保护药:硫酸氨基葡萄糖、氨糖美辛等,作为软骨的保护修复药,长期服用后有减少软骨磨损,保护修复软骨,改善关节功能的作用。硫酸氨基葡萄糖最好吃饭时服用,氨糖美辛饭后即服或临睡前服用效果较好。

(3)关节内注射治疗:通过向关节内注射抗风湿药,利用其润滑和减震功能,对保护残存软骨有一定作用。用药期间应注意监测 X 射线片和关节积液。

6. *心理护理* 为老年人安排有利于交际的环境,如床距离窗户较近,窗户的高度较低,房间距老年人活动中心较近等,邀请老年人的好友到家里聚会,增加其与外界互动的机会。

(二)健康指导

1. *知识指导* 用通俗易懂的语言向患者介绍本病的病因、骨关节炎表现、药物及手术治疗的注意事项。

2. *用药指导* 指导患者定量、定时、准确服药，告知每种药物的不良反应，服药后有异常反应要及时告诉医生或护士。

3. *减轻体重* 肥胖是老年人骨关节病的易患因素。肥胖老年人下肢关节长时间超负荷，以加速关节的退化过程。超体重老年人，宜平衡饮食，适当增加水果和蔬菜，坚持体育锻炼，控制体重。

4. *保护关节* 注意保暖，特别是关节部位。选择力所能及的工作及家务劳动，对老年人身心、关节都有利，防止过度劳累而出现的腰酸背痛并加速关节的老化，避免用某一姿势从事一项活动。随时保护好关节，避免关节扭伤。尽量应用大关节而少用小关节，使用背带包而不用手提包。多做关节部位的热敷、热水泡洗、桑拿。避免从事可诱发疼痛的工作或活动。避免生活在潮湿环境中。

5. *关节活动* 进行各关节的功能锻炼，运动强度以低、中度为宜，可选用步行、慢跑、游泳、骑自行车等。活动遵循的原则是安全第一、循序渐进、持之以恒。

6. *心理指导* 告诉患者本病早期治疗得当，坚持锻炼，大多预后较好，以树立患者同疾病作斗争的信心。

第五节 老年糖尿病

案例分析

患者，女，66岁，肥胖，4年前健康体检时诊断为糖尿病，口服降糖药，空腹血糖10mmol/L左右，血压150/100mmHg。近来感胸闷、头晕、乏力，心前区疼痛，入院后心电图检查示心肌左前壁缺血。患者心理压力大，担心病情进一步发展。

请分析：如何为该患者制订护理计划？

老年糖尿病是由于胰岛素分泌绝对或相对不足，从而导致糖代谢紊乱为主，继发脂肪、蛋白质、水与电解质等代谢紊乱的代谢性疾病。老年糖尿病是老年人常见的疾病，其发病率有逐年增高的趋势，高发病率严重影响老年人的生活质量和寿命，并发症是致残致死的主要原因。

一、护理评估

(一)致病因素

老年糖尿病的发生与遗传、环境因素、生理性老化、老年人生活方式改变，如活动减少，体重增加等有关。

(二)身体状况

糖尿病的典型症状是多尿、多饮、多食、体重减少(“三多一少”)。而老年糖尿病具有以下特点。

1. *症状不典型* 起病较慢，“三多一少”症状不典型，仅有1/4或1/5的老年患者多尿、多饮、多食、体重减轻的症状，多数病人是在体检或治疗其他疾病时发现有糖尿病。

2. *并发症多* 慢性并发症常见的包括①大血管病变：主要是大中动脉粥样硬化，引起冠心病、缺血性或出血性脑血管病、肾动脉硬化、肢体动脉硬化。②微血管病变：是糖尿病特有的改变,如糖尿病性视网膜病变、糖尿病肾病等。③神经系统病变:周围神经病变最常见,对称性,先出现肢端感觉异常,后期可有运动神经受累。自主神经病变影响胃肠、心血管、泌尿生殖系统功能。④糖尿病足:由于周围神经病变、下肢动脉供血不足及感染等因素,引起足部疼痛、溃疡、坏疽。是截肢、致残的主要原因。⑤感染:老年糖尿病患者免疫力下降,常并发皮肤、呼吸、泌尿生殖系统等各系统的感染。急性并发症常见的是糖尿病酮症酸中毒。

3. 发病率、致残率、病死率较高

重点提示

老年糖尿病的特点是症状不典型,并发症多,发病率、致残率、病死率较高。

(三)心理社会状况

糖尿病是慢性的终身疾病,患者常常有沮丧、恐惧心理。随着病程的延长、血糖控制不好、出现并发症,患者逐渐出现对治疗失去信心,产生焦虑和抑郁。

(四)实验室及其他检查

血糖升高是诊断糖尿病的重要依据。空腹血糖≥7.0mmol/L或餐后2h血糖≥11.1mmol/L,可诊断为糖尿病。老年人生理性糖耐量减低,餐后2h血糖更能及时反映血糖升高情况。老年人多有肾动脉及肾小球硬化,出现血糖很高,但尿糖阴性的现象,所以尿糖阴性的老年人,不能排除糖尿病。糖化血红蛋白反映患者近8~12周总的血糖水平,为糖尿病控制情况的主要监测指标之一。

二、护理诊断及医护合作问题

1. 营养失调:低于机体需要量 与机体代谢紊乱有关。
2. 有感染的危险 与高血糖、代谢紊乱、机体抵抗力下降有关。
3. 潜在并发症 酮症酸中毒、冠心病、脑血管病。
4. 焦虑 与血糖控制不理想、长期治疗、出现并发症有关。
5. 知识缺乏 缺乏糖尿病的预防,用药和自我护理的知识。
6. 低血糖反应 与降糖药物过量、用药后未及时进食、运动量突然加大有关。

三、护理措施与健康指导

(一)治疗要点及护理措施

1. 饮食护理 饮食治疗是糖尿病治疗的基本措施,应长期坚持。根据患者的情况,控制总摄入量,合理调配饮食,达到控制血糖,改善症状,减少并发症的目的。

(1)确定每日所需总热量:根据患者性别、年龄和身高计算理想体重,然后根据理想体重和劳动强度确定每日所需总热量。成年人休息状态每日每千克理想体重给予热量105~126kJ(25~30kcal),轻体力劳动126~146kJ(30~35kcal),中体力劳动146~167kJ(35~40kcal),重体力劳动167kJ(40kcal)以上。消瘦或伴有消耗性疾病者应酌情增加,肥胖者酌减,使体重逐渐恢复到理想体重±5%左右。

（2）确定各营养要素的比例：糖类占总热量的 50%～60%，提倡用粗制米面和一定量杂粮，忌食用葡萄糖、蔗糖、蜜糖等；蛋白质占总热量的 15%～20%，其中至少 1/3 来自动物蛋白质，以保证必需氨基酸的供给；脂肪类占总热量的 20%～30%，多食用含不饱和脂肪酸的植物油，少食用含饱和脂肪酸的动物油，每日胆固醇的摄入量宜在 300mg 以下。

（3）合理热量分配：确定每日饮食总热量和各营养要素的组成后，根据生活习惯、病情和治疗合理安排。可按一日三餐分配为 1/5、2/5、2/5 或 1/3、1/3、1/3。

此外，富含纤维素的食物可以延缓食物吸收，降低餐后血糖，并促进胃肠蠕动、防止便秘。

2. 体育锻炼　根据年龄、性别、体力、病情及有无并发症等情况来选择有规律的合适运动，以不感到疲劳为度，量力而行、循序渐进、长期坚持。如慢跑、步行、太极拳、游泳等有氧运动。时间每次 30min 左右，每天 1 次，每周 3～4d，运动使患者心率达到 170－年龄。注意不在空腹时运动，以免发生低血糖反应。

3. 用药护理

（1）指导患者按医嘱服药：根据病情合理用药，检测血糖水平，按时按剂量服药。

（2）口服降糖药护理：注意观察药物疗效和不良反应，口服降糖药主要分为磺脲类和双胍类，磺脲类药物主要不良反应是低血糖反应，其他有消化道反应、肝功能损害、皮肤过敏反应等；双胍类药物主要不良反应是胃肠道反应，应餐后服用，从小剂量开始，逐渐增加剂量，个别患者有皮肤过敏反应。老年患者、肝肾心肺功能不好及缺氧时易发生乳酸性酸中毒，为最严重的不良反应。

（3）胰岛素治疗的护理：应在综合治疗的基础上进行，从小剂量开始，根据血糖水平进行调整。胰岛素采用皮下注射法，餐前 15～30min 使用。应经常变换注射部位，以防组织硬化，影响吸收，注射部位主要有上臂三角肌、大腿前侧、臀部、腹部。注意观察疗效和不良反应，低血糖反应表现为饥饿感、心悸、头晕、多汗，严重情况下会神志改变甚至昏迷，应及时给予进食糖类食物或静脉推注葡萄糖；变态反应表现为注射部位瘙痒，出现红、肿、热、痛及硬结，应立即更换胰岛素种类或停用，使用抗组胺药、糖皮质激素、脱敏疗法等抗过敏；脂肪营养不良表现为注射部位出现皮下脂肪萎缩或增生，停止在该部位注射后缓慢自然恢复。

4. 预防感染　饮食中保证足量热量和蛋白质的供给，以增强老年糖尿病患者的机体抵抗力。保持全身和局部的清洁，尤其是口腔、皮肤、会阴部的清洁。注意糖尿病足的护理，观察足部皮肤的颜色、温度的变化，每日清洗和按摩足部皮肤，勤修剪指甲，鞋袜宽松舒适，预防皮肤损伤和感染，有皮肤破溃和感染时及时处理。

5. 心理护理　老年糖尿病患者常存在焦虑和抑郁，应理解和关心患者，让患者和家属认识到糖尿病虽然是终身疾病，但是通过综合治疗，患者同样能和正常人一样长寿，帮助患者保持稳定的情绪，积极配合治疗。

（二）健康指导

1. 对患者和家属耐心宣教，使其认识到糖尿病是终身疾病，治疗需要持之以恒。长期自觉执行饮食计划和合理的运动。生活规律，戒烟酒，注意预防各种感染，注意个人卫生，做好足部护理。

2. 让患者和家属了解糖尿病的基础知识和治疗控制要求，教会患者各种药物的服用方法、胰岛素注射法，知道药物的作用和不良反应。

3. 教会患者血糖仪的使用方法，并能够准确判断血糖的的检查结果。

4. 及时识别并发症、处理方法，必要时送医院就诊。
5. 随身携带急救身份卡。
6. 定期复查，每3~6个月门诊复查1次，每年全身检查1次，早期防治各种并发症。

重点提示

老年糖尿病的综合治疗是改善本病的重要措施，主要包括在教育指导患者的前提下，饮食治疗、运动疗法、药物治疗相结合，同时注意监测血糖。

第六节　老年恶性肿瘤

案例分析

患者，男，76岁，一个月来感全身乏力，进食量减少，来医院就诊，进行全身体检，B超发现肝部直径7.8cm大小肿块，临床诊断：原发性肝癌。

请分析：老年恶性肿瘤的临床特点有哪些？

恶性肿瘤是一组疾病，其特征为异常细胞的失控生长，并由原发部位向其他部位播散，侵犯其他组织器官，导致器官功能衰竭，最后导致死亡。恶性肿瘤包括癌、肉瘤以及胚胎性的母细胞瘤等。老年恶性肿瘤以肺癌、胃癌、食管癌、肝癌、乳腺癌、宫颈癌最为多见。恶性肿瘤是老年人的常见病，又是主要的死亡原因。

一、护理评估

(一)致病因素

恶性肿瘤发生的原因，是由多种外源性的致癌因素和内源性的促癌因素长期、综合作用的结果。

1. 外因　包括化学性、物理性、生物性致癌因素及各种慢性刺激。其中以化学致癌物质，如环境污染物、某些食品及药物最为重要。如食物中的亚硝酸胺类与食管癌、胃癌有关；霉变的花生、玉米所含的黄曲霉毒素与肝癌有关；大气污染和吸烟中的3,4-苯并芘与肺癌有关等。物理因素，如长期接触X射线和放射性物质者易患皮肤癌；生物因素，如乙肝病毒在原发性肝癌的发病中起相当重要的作用等。

重点提示

外源性的致癌因素中以化学致癌物质最重要。

2. 内因　如性别、年龄、种族、遗传素质、内分泌紊乱等。其中遗传是决定一个人抗癌能力的重要因素。

(二)身体状况

老年恶性肿瘤具有以下临床特点。

1. 发展相对缓慢　老年人的恶性肿瘤多为高分化型、恶性程度较低,老年人由于代谢下降,恶性肿瘤发展比年轻人缓慢。

2. 癌的转移机会比年轻人少　老年人癌的转移发生率随年龄增长有减少倾向,超高龄者这种倾向更为突出,有研究表明免疫衰老能够降低癌的扩散。

3. 临床症状轻　老年人同时患有其他疾病,同一脏器也有不同性质的疾病。因此,临床症状复杂、不典型,肿瘤本身引起的症状常不突出。特别是早期的肿瘤本身就很少有明显症状,这使早期诊断更为困难,易于漏诊。

4. 隐性癌的比例增加　隐性癌指无相关的临床症状和体征,在特殊检查下偶然发现或生前未怀疑,死后在尸检中发现的肿瘤。研究证实隐性癌随年龄的增长而增长。老年人反应迟钝,对病痛感觉不灵敏或不能及早表达出来,在老年人机体中的发展比青壮年缓慢而不易被察觉。

5. 死于并发症者多　机体在衰老过程中出现各种内分泌腺的萎缩和功能下降,当肾上腺皮质激素分泌减少时,机体应激能力显著下降,必然导致感染性疾病的增多,容易发生呼吸道和泌尿系感染。因此,老年恶性肿瘤患者很多并不是死于原发肿瘤本身,大多死于感染等并发症。

重点提示

老年恶性肿瘤的临床特点:发展相对缓慢、癌的转移机会比年轻人少、临床症状轻、隐性癌的比例增加、死于并发症者多。

(三)心理社会状况

早期症状不明显,接受各种检查使病人容易产生揣测、焦虑不安等心理。一旦确诊为恶性肿瘤,病人惊恐、沮丧、性格转为内向,行为变得退缩。到了病程晚期,病情不断恶化,治疗效果欠佳,药物不良反应明显,容易产生绝望心理,表现出悲伤、自卑、神经质,甚至有轻生自杀的念头。

(四)实验室及其他检查

1. 内镜检查及黏膜活检　如胃镜、结肠镜、支气管镜、膀胱镜等,可直接窥视内脏和腔内肿瘤病变,采取脱落细胞和活组织标本做病理学检查,是确诊的依据。

2. 超声检查　B超检查能确定肿块部位。

3. 影像学检查　包括X射线、CT、MRI检查等,能显示肿块的部位、形态、质地。

4. 肿瘤标志物　如用于诊断原发性肝癌的甲胎蛋白(AFP)、诊断结肠癌的癌胚抗原(CEA)等。

二、护理诊断及医护合作问题

1. 预感性悲哀　与担心治疗效果不佳有关。
2. 疼痛　与肿瘤浸润、合并感染或溃疡有关。
3. 营养失调:低于机体需要量　与恶性肿瘤消耗亢进有关。
4. 潜在并发症　感染、出血。

三、护理措施与健康指导

(一)治疗要点及护理措施

1. 心理护理　老年恶性肿瘤患者保持良好的心境,不仅可发挥机体的潜能,有利于对肿瘤细胞的免疫监视,而且对维持正常的生理功能,创造良好的治疗条件也有积极作用。向患者介绍老年恶性肿瘤的特点,如恶性程度较低,进展较慢,不易转移,以增强老年患者信心。对于不愿或害怕知道诊断的晚期患者,应合理隐瞒,以防患者精神崩溃,加速病情恶化。

2. 缓解疼痛　为缓解疼痛,首先应注意倾听患者对疼痛的诉说,观察其非语言表达,做出准确评估。护理时采取局部按摩、局部冷敷、变换体位等措施,增加患者的舒适感。也可让患者欣赏音乐、自我按压穴位等手段,转移患者的注意力。必要时辅以药物镇痛,帮助患者减轻痛苦。药物缓解疼痛,需遵循3个阶梯给药法。

3. 补充营养　宜给予高热量、高蛋白、高维生素饮食,必要时酌情输全血、血浆、复方氨基酸等,以增强患者的抗病能力。

4. 配合治疗

(1)手术治疗:凡确诊为恶性肿瘤,无手术禁忌证者,应及早手术。护理人员应做好围术期的护理。

(2)化学治疗(化疗):化疗前向患者说明给药的方法及药物的不良反应,使之对化疗反应有一定的思想准备。化疗期间严密观察药物的不良反应,如胃肠道反应及血象变化,并给予及时处理。

(3)放射治疗(放疗):向患者说明放疗的目的、方法及不良反应,以解除其思想顾虑。对放疗引起的局部皮肤反应给予相应处理。

5. 康复期护理　一些术后患者需要进行康复,护理人员要了解患者的需要,制订个体化的康复护理计划,协助患者恢复功能。

(二)健康指导

1. 认识恶性肿瘤的危险因素,采取健康的生活方式,如戒烟、乙肝疫苗接种,不吃过热、烧焦和霉变的食物,少吃腌制食物。
2. 掌握恶性肿瘤的一些早期表现及自我检查的方法,做到早发现、早诊断、早治疗。
3. 坚持体育活动,增强体质,提高身体抵抗力。
4. 避免精神刺激,保持心理健康和乐观的情绪。

第七节　老年帕金森病

案例分析

患者，男，76 岁，肢体震颤 3 年，伴行动迟缓 1 年。患者 3 年前出现右上肢震颤，呈静止性，紧张时严重，睡眠时消失，震颤逐渐累及左上肢、左下肢及右下肢。1 年前出现行动迟缓，以右侧肢体为重，右上肢不能摆臂。护理体检：面具脸，颅神经未见异常，四肢静止性震颤，四肢肌张力不同程度增高，呈齿轮样强直，四肢肌力正常，腱反射正常，病理反射未引出。头颅 CT 示：脑萎缩。临床诊断：帕金森病。

请分析：该患者哪几项体征符合帕金森病的诊断？

帕金森病（Parkinson disease，PD）或震颤麻痹，是中老年常见的神经系统变性疾病，以黑质多巴胺（DA）能神经元变性缺失和路易小体形成为特征。静止性震颤、运动迟缓、肌强直和姿势步态异常为主要表现。多在 60 岁以后发病，男性略多于女性。随着公众健康水平的提高和人口老龄化，帕金森病的患病人数也在逐渐增加。

一、护理评估

（一）致病因素

帕金森病的病因迄今不明。目前认为可能是以下多种因素共同作用所致。

1. 年龄老化　帕金森病多见于中老年人，60 岁以上人口患病率高达 1000/10 万，提示老龄与发病有关。

2. 环境因素　长期接触分子结构类似甲苯基四氢基吡啶（MPTP，为合成阿片的副产物）的某些工业或（和）农业毒物，可导致多巴胺能神经元变性死亡。

3. 遗传　约 10% 帕金森病患者有家族史。细胞色素 $P450_2D_6$ 型基因可能是本病的易感基因之一。

（二）身体状况

1. 静止性震颤　常为首发症状，多由一侧上肢远端开始，手指呈“搓丸样”动作，静止时出现，随意运动时减轻，睡眠时消失，故称为“静止性震颤”，是帕金森病最主要的特征。

2. 肌强直　关节被动运动时保持阻力增加，称“铅管样强直”；如检查时肌强直与震颤同时出现，可表现为“齿轮样强直”。

3. 运动迟缓　随意动作减少、主动运动减慢。面部肌肉运动减少，常呈双眼凝视，瞬目少，表情呆板，称为“面具脸”；往往不能做精细的动作，如解系鞋带、扣纽扣等动作变得比以前缓慢许多，或者根本不能顺利完成；书写时，越写越小，称“写字过小症”。

4. 姿势步态异常　尽管患者全身肌肉均可受累，肌张力增高，但静止时屈肌张力较伸肌高，故患者出现：头前倾、躯干略屈、上臂内收、肘关节弯曲、腕略伸、指掌关节弯曲而指间关节伸直，拇指对掌，髋及膝关节轻度弯曲等特殊姿势。行走时起步困难，一旦开步，身体前倾，重心前移，步伐小且越走越快，不能及时停步，称“慌张步态”。行进中，患侧上肢的协同摆动减少以至消失；转身困难。晚期，患者坐下后不能自行站立，卧床后不能自行翻身，日常生活不能自理。

5. 其他　因口、舌、腭及咽部肌肉的运动障碍，患者不能自然咽下唾液，导致大量流涎。严重时可导致进食、饮水呛咳。言语减少，语音低沉、单调。可有自主神经功能紊乱现象，如唾液和皮脂腺分泌增多，汗腺分泌增多或减少，大、小便排泄困难和直立性低血压。少数患者可合并痴呆或抑郁等精神症状。

重点提示

帕金森病震颤最主要的特征是静止性震颤。

（三）心理社会状况

患者因震颤、运动迟缓、"面具脸"及特殊的姿势与步态等，不愿参与社会活动，产生胆怯和逃避心理。因肌张力增强，生活自理能力下降或丧失，再加上社会支持差，而感到无望、无助、无价值，孤独、忧郁，担心自己成为或即将成为生活上完全依赖他人的残疾者。

（四）实验室及其他检查

脑脊液中多巴胺的代谢产物高香草酸含量可降低，但缺乏特异性。

二、护理诊断及医护合作问题

1. 躯体移动障碍　与神经、肌肉受损，震颤、肌强直、运动迟缓，随意运动减少等有关。
2. 自尊紊乱　与身体形象改变及日常生活需他人照护有关。
3. 营养失调：低于机体需要量　与吞咽困难、进食减少和机体耗能增加有关。
4. 自理缺陷　与肌强直、随意运动减少有关。

三、护理措施与健康指导

（一）治疗要点

及早使用替代药物和抗胆碱药物治疗为主，辅以行为治疗。

1. 抗胆碱药　用于早期轻症患者，常用安坦 2～4mg，3 次/天。
2. 多巴胺替代药　常用左旋多巴，由 125mg 开始，2～3 次/天。
3. 多巴胺受体激动药　常用溴隐亭，由 0.625mg/d 开始，直至最适剂量。
4. 手术治疗　用于症状限一侧，年龄 60 岁以下，药物治疗无效或不良反应严重不能耐受者。

重点提示

老年帕金森病首选的治疗是药物替代治疗，首选药物是左旋多巴。

(二)护理措施

1. 生活护理

(1)皮肤护理:对多汗及皮脂腺分泌亢进的患者,指导患者穿着柔软、宽松吸汗的棉质衣服,勤更换衣物,协助患者洗澡、擦浴1~2次/天。

(2)日常生活护理:对行动不便者,做好安全防范,移开环境中的障碍物,地面平坦,协助患者移动,防止摔伤,行走困难者以拐杖助行;起坐困难时,可置高凳坐位排便、高脚座椅、手杖辅助、浴室安扶手;若患者动作笨拙,用餐时谨防烧、烫伤等事故发生;穿脱衣服,扣纽扣,系腰带、鞋带等有困难者,需给予帮助。

(3)预防压疮:卧床患者应保持床单平整,及时更换床单,定时翻身,可酌情使用气垫床或按摩床,局部按摩。

2. 饮食护理

(1)饮食原则:给予足够的总热量、适量优质蛋白质、高维生素、低盐易消化食物,依据病情补充维生素。戒烟、酒。多吃新鲜蔬菜和水果,及时补充水分,防治大便秘结。

(2)进食方法:进食/饮水时取坐位或半卧位,进食环境安静,不催促,必要时可用吸管吸取流食,对咀嚼困难和吞咽困难者,给予小块食物或不易反流的流食,指导患者少量分次吞咽。尽可能让患者独立进食,端碗、持筷有困难者,为其准备金属餐具,并协助进食。无法自行进食者,可鼻饲。

3. 用药护理

(1)用药指导:告知患者本病以药物治疗为主,可应用抗胆碱能药和增强多巴胺能递质功能的药物,但药物治疗只能改善症状,不能阻止病情发展,且需终身服药。

(2)疗效观察:用药过程中注意震颤、肌强直及其他症状的改善情况,以确定药物疗效。

(3)不良反应观察

1)抗胆碱能药:常见不良反应包括,口干、面红、便秘等,大剂量可能引发青光眼发作、尿潴留、失眠或谵妄。

2)左旋多巴制剂:药物不良反应主要有恶心呕吐、厌食、不自主运动、直立性低血压等。注意左旋多巴应用过程中的“开-关现象”和“剂末现象”。治疗期间忌服维生素B_6、利舍平、氯氮平、氯丙嗪等药物。

4. 运动护理　告知患者及家属运动锻炼的目的在于防止和延迟关节强直与肢体挛缩,指导患者及家属进行松弛训练、关节主动与被动锻炼、姿势/平衡/步态训练。本病早期应坚持一定的体力活动,主动进行肢体功能锻炼,四肢各关节做最大范围的屈伸、旋转等活动,以预防肢体挛缩、关节僵直的发生。晚期患者做被动肢体活动和肌肉、关节的按摩,以促进肢体的血液循环。

5. 心理护理　与患者建立和保持良好的护患关系,帮助患者树立战胜疾病的信心。在临床护理工作中深入细致,认真观察病情变化,掌握患者心理特征的形成和心理活动的规律,有的放矢地进行心理护理。

(三)健康指导

1. 指导患者在病程中尽量避免精神紧张,以免加重病情,树立战胜疾病的信心。

2. 日常事情尽量自己做,坚持适当的运动和体育锻炼,防止关节强直与僵硬,卧床患者被动活动关节和按摩,预防肢体挛缩。

3. 督促患者严格按医嘱用药,避免错服、漏服,及时观察病情变化,动态了解血压变化,定时做肾功能检查。

4. 外出时最好身边有人陪伴,以防跌倒、摔伤。

5. 告诉患者注意病情变化和并发症的表现,发现异常及时就诊。

第八节 老年慢性阻塞性肺疾病

案例分析

患者,男,65 岁。慢性咳嗽、咳痰 16 年,逐渐出现胸闷、气促 3 年,加重 2d。护理体检:意识清,呼吸 22 次/分,血压 125/85mmHg,心率 102 次/分,桶状胸,双侧语颤减弱,双肺叩诊过清音,听诊呼吸音减弱,两肺底部散在湿啰音。X 射线示:两肺透亮度增加,肋间隙增宽,两肺纹理增多紊乱。临床诊断:慢性阻塞性肺气肿。

请分析:该患者符合肺气肿的体征有哪些?

慢性阻塞性肺疾病(COPD)是一组气流受限为特征的肺部疾病,气流受限不完全可逆,呈进行性发展,但是可以预防和治疗的疾病。主要包括慢性支气管炎和阻塞性肺气肿。慢性支气管炎是指气管、支气管黏膜及其周围组织的慢性非特异性炎症。慢性阻塞性肺气肿是慢性支气管炎最常见的并发症,是指终末细支气管远端的气道弹性减退、过度膨胀、充气和肺容积增大。伴有气道壁破坏的病理状态。当慢性支气管炎和肺气肿患者肺功能检查出现气流受限,并不能完全可逆时才可诊断为 COPD。COPD 是老年常见疾病,随年龄增长发病率增高。

一、护理评估

(一)致病因素

COPD 病因不清,往往是内、外因素共同作用的结果。

1. 外因 包括吸烟、感染、过敏、气候寒冷及理化因素刺激等,其中吸烟为重要的发病因素,感染亦是 COPD 发生发展的重要因素之一。

2. 内因 包括老年人呼吸系统器官组织的老化、自主神经功能失调、免疫球蛋白(SIgA)减少、单核巨噬细胞功能低下、遗传因素等。

重点提示

COPD 最常见的病因是慢性支气管炎。

(二)身体状况

1. 症状 起病缓慢、病程长,主要症状如下。

(1)慢性咳嗽、咳痰:症状不典型或缺如,咳嗽不重,气促不明显。常晨间咳嗽、咳痰明显,痰多为白色黏液或浆液性泡沫样,急性发作期咳嗽加重,痰量增加,可有脓性痰。

(2)呼吸困难:更突出,早期在劳力时出现,后逐渐加重,以致日常活动或休息时即有胸闷、气促发作,是COPD的标志性症状。

(3)易反复感染:老年人呼吸道防御功能减退,体质下降,故易反复感染。在慢性支气管炎急性发作期体温可不升,白细胞不增多。

(4)其他:胸闷、喘息,部分患者可有食欲减退,体重下降等。

重点提示

在咳嗽、咳痰的基础上出现逐渐加重的呼吸困难是COPD的标志性症状。

2. 体征　早期可无异常,病情进展为慢性阻塞性肺气肿时可出现以下体征。

(1)视诊:桶状胸,呼吸增快,呼吸运动减弱。

(2)触诊:双侧语颤减弱。

(3)叩诊:呈过清音,心浊音界缩小,肺下界及肝浊音界下移。

(4)听诊:双肺呼吸音减弱,呼气时间延长,部分患者可闻及湿啰音和(或)干啰音。

3. 并发症多　慢性肺源性心脏病、自发性气胸、呼吸衰竭、肺性脑病、休克、弥散性血管内凝血(DIC)和水、电解质及酸碱平衡紊乱等并发症的发生率高。

(三)心理社会状况

由于病程长、反复发作、病情逐渐加重,给患者及家庭带来较重的心理压力和经济负担,患者容易出现紧张、焦虑等情绪,甚至对治疗失去信心。

(四)实验室及其他检查

1. 血常规检查　红细胞计数和血红蛋白可增多,合并感染时,白细胞总数可增高,以中性粒细胞增多为主。

2. 胸部X射线检查　慢性支气管炎时可显示两肺纹理粗乱,呈网状或条索状阴影;肺气肿时可显示胸廓扩张、肋间隙增宽、双肺透亮度增加。

3. 呼吸功能检查　可出现阻塞性通气功能障碍的表现,详见《内科护理学》相关章节。

4. 血气分析　可有低氧血症、呼吸性酸中毒等表现。

二、护理诊断及医护合作问题

1. 清理呼吸道无效　与呼吸道感染、分泌物多、痰液黏稠、无力咳嗽等有关。

2. 气体交换受损　与气道阻塞、呼吸面积减少所致通气和(或)换气功能障碍有关。

3. 活动无耐力　与呼吸功能下降引起慢性缺氧有关。

4. 营养失调:低于机体需要量　与食欲减退、摄入不足、能量消耗增加有关。

5. 焦虑　与呼吸困难影响生活、工作和害怕窒息有关。

6. 潜在并发症　慢性肺源性心脏病、自发性气胸、肺部感染、呼吸衰竭。

三、护理措施与健康指导

(一)治疗要点

目的:阻止症状发展及防治反复急性发作;延缓或阻止肺功能进一步下降;改善症状,提高患者的生活质量。

1. 缓解期治疗

(1)支气管舒张药:常用β_2受体激动药,如沙丁胺醇气雾剂,每次100~200μg;茶碱类,如氨茶碱缓(控)释片0.2g,2次/天或氨茶碱0.1g,3次/天。

(2)祛痰药:常用药物有盐酸氨溴索和乙酰半胱氨酸等。

(3)家庭氧疗:建议患者进行1~2L/min,每天15h以上持续吸氧,能有效提高COPD患者的生活质量和生存率。

2. 急性加重期治疗

(1)积极控制感染:根据细菌培养及药物敏感试验选择有效抗生素,如β内酰胺类、头孢类、大环内酯类及喹诺酮类等。

(2)保持气道通畅:按医嘱应用支气管舒张药及祛痰药,痰液黏稠者可行雾化吸入,喘息明显者可给予糖皮质激素。

(3)纠正缺氧:低氧血症者可给予低流量、低浓度、持续吸氧,避免持续吸入过高浓度的氧,以免引起氧中毒和(或)二氧化碳潴留加重。

(二)护理措施

1. 保持呼吸道通畅 详见《内科护理学》相关章节。

2. 氧疗 按医嘱合理氧疗,以纠正缺氧和改善呼吸功能。应予持续低流量(1~2L/min)低浓度(25%~29%)吸氧。

3. 呼吸功能锻炼 为改善呼吸功能,可教会老年人做呼吸操及腹式呼吸锻炼,也可通过练气功、太极拳、定量行走或登梯练习等医疗体育运动达到目的。

4. 用药护理

(1)急性期:按医嘱给予抗感染药物,考虑到老年人肾功能减退应慎用氨基糖苷类。

(2)支气管舒张药:常用药物茶碱,注意观察恶心、呕吐,心律失常、血压下降、死亡等不良反应。

(3)其他:抗胆碱药可有口干、口苦的反应;β受体兴奋药可引起心动过速、心律失常,长期使用可发生肌肉震颤;糖皮质激素可引起老年人高血压、糖尿病、骨质疏松及继发感染等。

5. 心理护理 关心体贴患者,给予精神鼓励。指导患者学会相关的应对技巧,如控制呼吸、散步、参加运动或劳动、适当发泄等应对焦虑的方法。鼓励家庭成员承担为促进患者康复的责任,如改善环境、改变饮食习惯、减少烟雾、花粉等过敏原的接触。

(三)健康指导

1. 指导患者及家属了解本病的相关知识 正确对待疾病,坚持康复,在患者能力范围内,鼓励患者自我护理。

2. 避免病因和诱因 避免刺激性气体或污染物的吸入,在上呼吸道感染流行期间,尽量减少或避免去公共场所,注意保暖,选择空气清新的环境居住和生活,戒烟。

3. 改善营养状况 指导患者科学膳食,进高蛋白、高热量、高维生素、低脂易消化饮食,如瘦肉、蛋、奶、鱼、蔬菜、水果等。鼓励患者少量多次饮水,每日饮水量不少于 1500ml,以稀释痰液利于排出;少食多餐,避免加重喘憋。

4. 提倡家庭氧疗　长期家庭氧疗可明显提高患者的生活质量和劳动能力,延长寿命,每天低流量、低浓度吸氧,15h 以上。

5. 耐寒锻炼和呼吸功能锻炼　指导患者注意避免受凉、过劳等诱因,气温变化时及时增减衣服。在上呼吸道感染流行期间尽量不去公共场所,避免接触流行性感冒患者。指导患者持之以恒地进行有效的呼吸功能锻炼,改善呼吸功能。

第九节　老年常见心脑血管病

案例分析

患者,女,68 岁,高血压病史 22 年,一直间断服用降压药维持,血压时高时低,多在150~180/90~110mmHg,6h 前心前区疼痛,逐渐加重,出冷汗,自行服用硝酸甘油 3 片未缓解,急诊入院。护理体检:血压 100/80mmHg,心率 108 次/分,律齐。经心电图检查发现 ST 段弓背向上抬高,随后相应导联出现病理性 Q 波,临床诊断:急性心肌梗死。入监护室观察治疗,经用药后疼痛缓解。2h 后心电监测示血压 70/50mmHg,心率 118 次/分,患者烦躁不安,皮肤湿冷。

请分析:该患者符合急性心肌梗死的表现是什么?如何进行护理?

心脑血管疾病是一大类疾病的总称,其主要是指冠状动脉粥样硬化性心脏病、脑血管病和高血压等。

冠状动脉粥样硬化性心脏病指冠状动脉粥样硬化使血管腔狭窄或阻塞,和(或)冠状动脉功能性改变(痉挛)导致心肌缺血缺氧或坏死而引起的心脏病统称,简称冠心病。按临床表现分为 5 型:①无症状性心肌缺血;②心绞痛型冠心病;③心肌梗死型冠心病;④缺血性心肌病型冠心病;⑤猝死型冠心病。

脑血管病是各种血管源性脑病变引起的脑功能障碍,根据病理性质可分为出血性脑血管病(包括脑出血及蛛网膜下腔出血)及缺血性脑血管病(包括脑血栓形成和脑栓塞等),脑血管病发病率和病死率目前在老年病中占首位,50% ~ 70% 存活者遗留瘫痪、失语等严重残疾,给家庭和社会带来沉重负担。

重点提示

老年人脑血管病中发病率最高的是脑血栓形成。

老年高血压是指年龄在 60 岁以上人群中,根据世界卫生组织诊断标准,在休息非药物状态下,收缩压≥140mmHg 和(或)舒张压≥90mmHg 的高血压患者。而老年高血压病是指除了血压升高以外,还伴有心、脑、肾的损害,且排除继发性高血压的全身性疾病。老年高血压病是老年人最常见的心血管疾病之一，经人群调查，我国 60 岁以上高血压病的患病率达 38.2%。

心脑血管病并发症高且严重，据统计 2/3 心肌梗死患者、3/4 脑卒中患者有高血压病。随着年龄的增长，其患病率逐年增加。

一、护 理 评 估

(一) 致病因素

高龄、高脂血症、糖尿病、吸烟、肥胖、家族遗传史等是老年心脑血管病发病的危险因素。

(二) 身体状况

老年心脑血管病的临床特点具有以下几方面。

1. *症状不典型* 无痛性心肌梗死发生率随年龄而增加，主要表现为无典型胸痛或仅觉心前区隐痛、胸闷，也可表现上腹部、颈部、左前臂、(下颌)牙部、咽喉疼痛。老年脑梗死无症状者多见，在 65 岁以上的人群中，无症状性脑梗死的发生率可达 28%。老年高血压病以收缩压升高者多见，并且血压波动性大。

重点提示

对老年人不能仅凭一次偶然测得的血压值超过正常即诊断为高血压病。

2. *并发症多* 如老年高血压病并发症多而严重，尤其是脑卒中、心力衰竭、冠心病、肾衰竭、眼底损害等；老年冠心病患者心律失常发生率高，易合并心力衰竭；老年脑血管病患者容易合并肺部感染、心力衰竭、肾衰竭、应激性溃疡等。

(三) 心理社会状况

患者常有情绪不稳定，容易紧张、焦虑。当出现严重并发症时，甚至产生恐惧心理，往往对治疗失去信心。

(四) 实验室及其他检查

1. *血液检查* 监测血糖、血脂、血尿素氮、肌酐、心肌酶学等。

2. *心电图检查* 检测患者有无左心室肥大及心肌梗死改变，老年急性心肌梗死患者的心电图可不典型，非 Q 波型心肌梗死多见。

3. *CT 及 MRI 检查* 缺血性脑血管病发病 24h 后头颅 CT 检查，逐渐出现低密度梗死灶；MRI 可清晰显示早期缺血性梗死、脑干及小脑梗死。出血性脑血管病发病后头颅 CT 即可显示高密度影。

4. *胸部 X 线片* 高血压者可显示主动脉弓纡曲、左心室肥大。

二、护理诊断及医护合作问题

1. *焦虑* 与心脑血管病带来的身体不适，影响了正常工作和生活有关。

2. *躯体移动障碍* 与肢体瘫痪有关。

3. *疼痛* 心前区疼痛，与心肌血供急剧减少或中断，发生缺血性坏死有关。

4. *潜在并发症* 感染、压疮、心律失常、心力衰竭、肾衰竭等。

三、护理措施与健康指导

(一)治疗要点

1. 老年高血压病治疗　目的是将血压控制在适宜的水平，最大限度地降低心脑血管病的发病率和死亡率。

(1)改善生活方式：减轻体重，减少钠盐摄入，补充钙和钾、减少脂肪摄入、戒烟限酒、保持平和心态等。

(2)降压药物治疗：常用降压药物包括利尿药、β 受体阻滞药、钙通道阻滞药、血管紧张素转换酶抑制药及血管紧张素Ⅱ受体拮抗药。

2. 老年冠状动脉粥样硬化性心脏病治疗

(1)心绞痛治疗

1)发作期治疗：发作时立即休息，首选硝酸甘油 0.3~0.6mg 舌下含服。对于频繁发作或持续不缓解患者应立即住院。

2)缓解期治疗：可选用硝酸酯制剂，同时联合 β 受体阻滞药、钙通道阻滞药、抗血小板药(如阿司匹林)及降脂药(他汀类)等，必要时行经皮冠状动脉腔内成形术(PTCA)、冠状动脉内支架置入术或冠状动脉搭桥术。

(2)急性心肌梗死治疗

1)急性期绝对卧床休息，心电、血压、呼吸监护，吸氧。

2)解除疼痛：常用吗啡、哌替啶、硝酸酯类药物。

3)再灌注心肌：发病 3~6h，最多 12h 内，使闭塞冠状动脉再通，缩小心肌缺血范围，防止梗死面积扩大。

A. 经皮冠状动脉介入治疗(PCI)：包括 PTCA、支架置入术、补救性 PCI 和溶栓治疗再通者的 PCI。

B. 溶栓疗法：常用药物有尿激酶、链激酶、组织型纤溶酶原激活药、重组组织型纤溶酶原激活药等。

C. 紧急主动脉-冠状动脉旁路移植术：上述治疗无效或失败者，有手术指征又无禁忌证者，争取 6~8h 行该手术。

4)心律失常治疗：详见《内科护理学》相关章节。

5)控制休克：给予扩容、升压药、血管扩张药及纠酸等治疗。上述治疗无效者，在主动脉内气囊反搏术的支持下行 PTCA 或支架置入等治疗。

6)心力衰竭治疗：详见《内科护理学》相关章节。

7)其他治疗：如 β 受体阻滞药、钙通道阻滞药、血管紧张素转换酶抑制药、极化液及抗凝血治疗等。

3. 老年脑血管病治疗

(1)出血性脑血管病：以降低颅内压和控制血压为主，降低颅内压首选 20% 甘露醇快速静脉滴注；头痛者，按医嘱给予脱水药、镇静止痛药，但禁用吗啡与哌替啶。

(2)缺血性脑血管病：以抗凝血治疗为主，脑血栓发病 6h 内可溶栓治疗。

（二）护理措施

本节重点介绍老年高血压病、老年冠状动脉粥样硬化性心脏病、老年脑梗死病人的护理措施。

1. 老年高血压病病人护理

（1）一般护理：①饮食护理。控制总热量，低盐、低脂、低胆固醇饮食，盐的摄入量<6g/d，戒烟，限酒。②适当运动。安排低或中等强度的等张运动，但病人血压较高、症状明显或出现并发症时，应卧床休息，指导病人改变体位时动作宜缓慢；如出现头晕、目眩、恶心时，应立即平卧，抬高下肢以增加回心血量。③病情监测。监测血压，测量血压 1～2 次/天，老年收缩期高血压的降压目标水平，收缩压 140～150mmHg，舒张压<90mmHg 但不低于 65～70mmHg。

（2）用药护理：遵医嘱准确给药，病人不可自行增减或突然撤换药物，按医嘱长期服用维持量。降压不宜过快过低。服药期间改变体位要缓慢，以免发生意外。降压药物不良反应详见《内科护理学》相关章节。

（3）心理护理：减少压力，保持心理平衡。针对患者性格特征及有关社会心理因素进行心理疏导。对易激动的患者，要调节紧张情绪，避免过度兴奋，指导患者运用放松技术，消除紧张和压抑的心理。

2. 老年冠状动脉粥样硬化性心脏病患者护理

（1）老年心绞痛患者的护理：①生活护理，给予低热量、低脂、低胆固醇、适量蛋白质清淡饮食，少量多餐，避免过饱；根据老年人的心功能状态合理安排活动；天气寒冷时注意防寒保暖。②心理护理，向患者解释焦虑可加重病情，安慰患者，缓解焦虑和恐惧情绪。③病情观察，监测心前区疼痛部位、性质、持续时间、缓解方式和诱因的变化，监测生命体征，必要时心电监护，警惕急性心肌梗死的发生。④用药护理，按医嘱给予硝酸甘油舌下含服，告知患者舌下应保留一些唾液，让药物完全溶解，不要急于咽下。如病情严重，静脉使用硝酸甘油时应注意缓慢滴入，以免造成低血压。该药扩张血管可出现颜面潮红、头痛、低血压等症状，初次用药宜从小剂量开始，伴有心动过缓者应卧床，体位变化动作要慢。

（2）老年心肌梗死患者的护理：①心理护理，为患者提供安全、舒适环境；多陪伴患者；解释监护仪器的作用，给患者以安全感，消除患者紧张、焦虑、恐惧的情绪，树立战胜疾病的信心。②休息，急性期 12h 绝对卧床，24h 如无并发症可在床上行肢体主动与被动活动。③病情观察，密切监测患者的生命体征，连续监测心电图变化，一旦发现心律失常、心源性休克等立即通知医生并按医嘱给予相应处理。④溶栓及介入治疗护理，详见《内科护理学》相关章节。

3. 老年脑梗死患者护理

（1）心理护理：尊重、关心、体贴患者，多与患者交谈，鼓励患者表达自己的感受，解释患者语言障碍的原因；减少不良刺激和伤害患者自尊的言行，日常护理中不要流露厌烦的情绪；康复过程中不要急于求成，鼓励患者摆脱依赖心理，增强自我照顾能力与自信。

（2）饮食护理：给予高蛋白、低盐、低脂、低胆固醇、适当热量、丰富维生素的无刺激性饮食。对吞咽困难者可进半流食，且速度应缓慢，不能进食者，可静脉或鼻饲营养。

（3）病情监测：出血性脑血管疾病患者，发病 12h 内至少 2h 测体温、脉搏、呼吸、血压、瞳孔等，一旦出现病情变化及时通知医生。

（4）预防并发症：长期卧床，容易出现压疮、肺炎、泌尿系感染等并发症。为防止并发症的发生，病情稳定后，应尽量早期下床活动。对不能活动的患者，要经常给患者翻身，按摩受压部位,轻轻拍打后背。对于有排尿障碍的患者,应多饮水,同时尽量避免导尿。

(5)用药护理:使用溶栓、抗凝血药时注意有无出血倾向;静脉应用扩血管药物时,注意血压的变化;使用右旋糖酐-40 时注意变态反应;使用甘露醇降颅压时,应选择较粗血管,以保证药物的快速输入。

(6)康复功能训练:①语言康复训练,由专业人员制定个体化的康复计划,从简单到复杂,与非言语沟通相结合,循序渐进;②运动功能的训练,由被动运动到主动运动,由简单动作到精细动作,循序渐进;③协调能力训练,主要是训练肢体的协调性,先训练近端肌肉的控制力,后训练远端肌肉的控制力。

(三)健康指导

1. 保持良好的情绪是预防心脑血管病的基本条件。老年人性格开朗、乐观、情绪稳定、生活规律非常重要,反之,急躁易怒、孤独抑郁、多愁善感易使血中激素水平增高、血管痉挛、血栓形成。

2. 养成良好的生活习惯是预防心脑血管病必不可少的条件。强调老年人低脂肪、低热量饮食的重要性,应予以富含蛋白质、维生素、微量元素及粗纤维食物为主。其他不良行为,如吸烟、酗酒应尽量去除。适当的体力活动对老年人是非常必要的。

3. 定期体检,老年人至少每年体检一次,并要对血压、血脂、血糖进行监测。根据情况及时调整。

4. 已患心脑血管病者要积极治疗,严格遵守医嘱。

讨论与思考

1. 陈某,男,76 岁,最近家人发现其记忆力明显下降,常常忘记刚说过的话、做过的事,性格变化,对人缺乏热情,以自我为中心、固执多疑。

问题:

(1)老年性痴呆的分期及表现有哪些?

(2)老年性痴呆的护理措施有哪些?

(3)老年性痴呆的智力康复训练主要有哪些?

2. 老年骨质疏松,是机体衰老在骨骼方面的一种特殊表现,也是使骨质脆性增加导致骨折危险性增大的一种常见病。

问题:

(1)老年骨质疏松的病因是什么?

(2)老年骨质疏松的临床特点有哪些?引起骨折的主要原因是什么?

(3)请制定患者的护理措施。

(4)如何指导进行骨质疏松的健康教育,早期发现、早期诊断此病?

3. 老年退行性骨关节病又称骨关节炎,是一种因关节软骨退行性变,关节软骨增生、骨化而致的慢性退行性关节疾病。

问题:

(1)老年退行性骨关节病的临床特点有哪些?

(2)老年退行性骨关节病 X 线片特征性表现有哪些?

(3)如何对患者进行健康指导?

4. 张某,女,64岁,诊断为老年糖尿病,因口服降糖药血糖控制不佳,改为胰岛素治疗。某日早餐前,突然感到心悸、头晕、多汗。

问题:

(1)患者出现了什么情况?应如何处理?

(2)老年糖尿病的特点有哪些?

(3)老年糖尿病常见并发症有哪些?

(4)老年糖尿病综合治疗措施有哪些?

5. 恶性肿瘤是老年人的常见病,又是主要的死亡原因。

问题:

(1)老年恶性肿瘤的特点有哪些?

(2)老年恶性肿瘤患者的护理诊断有哪些?

(3)如何帮助老年恶性肿瘤患者缓解疼痛?

6. 赵先生,80岁。患帕金森病8年,目前患者只能以碎步行走,典型慌张步态,走路时前冲明显,因此不敢站立,更不敢走路。

问题:

(1)此时该患者最首优的护理诊断是什么?

(2)针对该患者应采取哪些护理措施?

7. 黄女士,77岁,慢性支气管炎合并阻塞性肺气肿病史25年,近日咳嗽加剧、咳大量黏液脓性痰,活动后心悸、乏力、呼吸困难。查:体温38℃,脉搏100次/分意识清,烦躁不安,发绀,听诊肺部散在湿啰音,肺动脉瓣区第二心音亢进,三尖瓣区收缩期杂音。

问题:

(1)该患者护理诊断有哪些?

(2)该患者出院后应进行哪些健康指导?

8. 刘女士,69岁,2h前以"脑出血"入院。糖尿病病史20年,近来发现血压升高波动在160~170/90~100mmHg,伴有头痛、头胀,未予重视。护理体检:血压190/120mmHg,脉搏76次/分,意识清,四肢肌张力增高,腱反射亢进,左上下肢肌力Ⅲ级。血糖10.6mmol/L,三酰甘油5.1mmol/L,头颅CT示:右基底节出血。父亲有高血压和糖尿病病史。

问题:

(1)该患者的护理诊断有哪些?

(2)如何管理该患者血压?

(3)该患者出院后健康指导有哪些?

(李秀芹 陈 瑜)

第 8 章

老年人的临终关怀与临终护理

学习要点

1. 临终关怀的概念和宗旨
2. 老年人临终关怀的意义
3. 老年人临终心理变化分期
4. 临终护理的概念
5. 老年人临终前常见症状及护理
6. 老年人死亡后的身体护理

生如夏花之绚烂,死如秋叶之静美。死亡,是一种普遍的生物学现象,每个人都不可避免地走向死亡。当老年人经历了人生的坎坷,死亡成为不可逆转的发展结果时,医护人员不仅要竭尽全力延长他们的生命,更重要的是提供良好的护理,让临终患者能安详、舒适、有尊严地走完人生最后的历程,这是医护人员的责任,也是开展临终关怀的宗旨。

第一节　老年人的临终关怀

案例分析

患者,男,65 岁。肝癌晚期,治疗效果不佳,肝区剧烈疼痛。腹水,呼吸困难。患者感到痛苦,悲哀,有轻生念头。

请分析:此患者心理反应属于哪一期?应该如何护理?

一、临终关怀的概念及现状

(一) 临终关怀的概念

临终关怀,顾名思义,就是对临终患者的关怀,又称为"临终照顾",是指对生存时间有限的老年人及其家属提供全面的医护照顾,包括生理、心理、社会等各方面。其主要宗旨是通过采取生活照顾、心理疏导、姑息治疗等照护，提高临终患者的生活质量，维护临终患者的权利与尊严，以缓解其生理痛苦和心理恐惧，使其安宁地度过最后的人生旅程；同时也使家属的身心健康得到维护和增强。它是一门新兴的边缘学科，涉及医学、护理学、心理学、社会学、伦理学等众多学科。

(二)临终关怀的现状

1. 临终关怀的兴起和发展　据史料记载，最早的临终关怀可以追溯到公元4世纪，罗马贵族女人Fabida，她在自己的家中为穷人提供衣物和食物，为患者提供照顾，为的是为自己实现“积德行善”的愿望。欧洲中世纪的临终关怀多属于宗教团体，为了给朝圣者提供中途休息、重新补足体力，欧洲修道院附设了安宁院。

现代临终关怀创始于20世纪60年代，由英国人桑德斯博士(Dr. Dame Cicely Saunders)所倡导和推动。全球第一所专门的临终关怀机构——圣·克里斯多弗临终关怀院(Saint Christopher's Hospice)于1967年在伦敦创立，专门照顾癌症末期的患者，使垂危患者在人生旅途的最后一段过程得到需要的满足和舒适的照顾，“点燃了临终关怀运动的灯塔”。此后，世界上许多国家和地区开展了临终关怀服务实践和理论研究，20世纪70年代后期，临终关怀传入美国，80年代传到日本，90年代传到我国的台湾、香港地区。

我国大陆临终关怀机构成立较晚，1988年7月，在天津创建了我国第一个临终关怀研究机构——天津医学院临终关怀研究中心，标志着我国已跻身于世界临终关怀研究与实践的行列。之后，我国心理卫生协会临终关怀专业委员会和临终关怀基金也相继成立，上海成立了我国第一家临终关怀医院——南汇护理院，随后又建立了江桥、普静等16所老年护理院(含临终关怀医院)。1992年，北京市收治濒危患者的松堂医院正式成立。2006年4月成立了“中国关怀生命协会”，标志着我国的临终关怀事业进入了一个新的发展时期，有了一个全国性的管理社会团体。

重点提示

现代临终关怀的创始人：英国的桑德斯博士(Dr. Dame Cicely Saunders)。

2. 我国目前临终关怀的组织形式

(1)临终关怀专门机构：如上海南汇护理院等。医护人员配备齐全、设备先进、较专业化的临终关怀服务机构。

(2)综合医院中附设的临终关怀病房：目的及作用同专门机构。

(3)家庭临终关怀病床：国外称“居家护理”。主要为希望留在家里与家人共度最后时光的患者服务。医护人员的职责是控制患者生理上的痛苦，并对患者及其家属提供心理和感情上的支持，使患者可以与家人在一起，减轻悲痛与孤寂，面对死亡。根据患者情况医护人员每日或每周访视2~3次并全天候服务。

3. 影响我国临终关怀的因素　从我国第一所临终关怀医院建立，经过20多年的迅速发展，已具有一定的规模，但对中小城市和偏远地区，老年临终关怀的机构还比较匮乏，几千年传统死亡文化的束缚，给我国临终关怀事业的发展带来了很消极的影响，许多人不能正确理解临终关怀的真正意义，使临终关怀的发展举步维艰。影响我国临终关怀的主要因素体现在以下几个方面。

(1)“临终”概念模糊：主要包含两个方面。其一是“临终”时间难以确定，特别是老年人。美国把能存活6个月以内的患者确立为临终患者，日本把估计只能存活2~3个月的患者称为临终患者，我们国家把预计只能存活2~3个月的患者称为临终患者。而老年人的病情是缓慢发生、发展，并且经常反复，很难确定什么时间是“临终”。其二是对“临终”知识缺乏。医护人员缺乏“临终”知识的专门培训，目前对患者多采取以治疗为主的方式，也没开展对“临终”患者及家属提供“临终”教育服务，还没有形成一个统一的伦理教育环境，不仅造成了大量的医疗资源浪费，给临终患者造成了极大的身心痛苦，同时患者家属的精神也饱受折磨。

(2)经济上所面临的困境是阻碍临终关怀发展的一个重要因素：目前我国缺少相应的政策支持和社会资助来帮助临终关怀事业的发展。临终关怀的患者不采用价格昂贵的治疗手段，药物也是选用一些相对便宜的缓解症状的药物；临终关怀中，对患者及其家属的心理安慰和指导更为重要，医护人员需花大量的时间和精力开展心理护理，为此，医院须对员工进行针对性的培训，但是这些服务项目都是无偿的。由于没有足够的资金，使许多本应开展临终关怀服务的医疗机构望而生畏。

(3)缺乏应有的死亡教育和伦理道德教育是临终关怀理念发展的障碍：中国人对死亡的认知深受几千年传统文化的影响，人们对死亡的认知仅仅处于原始的恐惧和痛苦中。树立正确的生死观对临终关怀具有非常重要的意义。现代科学的死亡观是“不以延长生命为目的，而以减轻身心痛苦为宗旨”，事实上就是为死亡寻求心理适应，这种心理适应对于临终者的家属也同样重要。此外，对于有些家属来说，死亡却是痛苦的开始，许多人会因为失去亲人而影响到自己的工作和生活，甚至精神长期得不到恢复，这些人同样需要接受死亡教育。因此，在中国发展临终关怀，必须打破传统的思想观念，使更多的人能够真正认知和面对死亡，完善死亡教育和伦理道德教育，树立正确的生死观。

(4)我国目前的临终关怀机构现状：20世纪80年代后期，我国真正意义上的临终关怀才开始起步，各种临终关怀机构大都设置在北京、上海、天津等一些大城市，并且真正意义上的临终关怀医院少，存在设施差、费用高等问题。对于我国这样一个拥有13亿人、60岁以上老年人口总数已达1.45亿的人口大国来说，目前的临终关怀机构远远解决不了我国老年临终患者的迫切需要。

做好临终关怀，对护理人员也是一个新的考验。临终关怀理念是以照护为中心、以提高临终老年人生命质量、尊重人的尊严和权力为前提，最终让临终老年人和家属正确面对和接受死亡。

二、老年人临终关怀的意义

(一)提高老年临终者生存质量，维护生命尊严

由于传统文化的束缚，许多临终老年人在生命的最后一段日子里，不是在舒适、平静中度过，而是处于现代医疗技术、麻醉、药物的控制下，死亡之前均有接受侵入性治疗等痛苦的经历，充满了恐惧、痛苦和无奈。临终关怀则为临终老年人及家属提供心理上的关怀与安慰，对临终前和治疗无效的晚期患者不使用痛苦无效的治疗方法，而是致力于心理关怀和精湛的护理手段，最大限度地减轻患者痛苦，使患者安详、平静地离开人间，从而提升生命的质量，因此，

临终关怀护理是满足老年人“老能善终”的最好举措。

（二）安抚家属子女，解决老年人家庭照顾困难

临终关怀将临终老年者的工作转移到社会，尤其是对临终老年人的照顾，不仅是老年人自身的需要，同时也是他们家属和子女的需要。对于一些家庭，由于缺乏医学知识及临终照护经验，临终关怀可以让老年人走得安详，让患者家属摆脱沉重的医疗负担的同时，也安慰了他们的亲属、子女，使其能更好地投身到自己的事业中去，也不至于受到社会上的指责。因此，临终关怀是解决临终老年人家庭照顾困难的一个重要途径。

（三）转变观念，真正体现人道主义精神

临终关怀是人类在观念上的进步。一方面教育人们要转变死亡的传统观念，死亡是生命过程的一部分，科学技术可以延长人的寿命，但无法使人永生，既然人终究要死，就应与生一样。另一方面，从追求优生到优死，是人类文明的一大进步。无论是临终者、家属及医护人员都要坚持唯物主义，面对现实，承认死亡，最大限度地减少逝者的痛苦，真正体现人道主义。因此，临终关怀不仅是社会发展与人口老龄化的需要，也是人类文明发展的标志。

（四）减少医疗资源的浪费

实施临终关怀需要社会支付较多的服务费用，但对于那些身患不治之症的患者来说，接受临终关怀服务可以减少大量的甚至是巨额的医疗费用。如果将这些高额无效的费用转移到其他有希望救助的患者身上，它将发挥更大的价值。同时建立附设的临终关怀机构，即综合医院内的专科病房或病区，可以解决目前大多数医院利用率不高、造成资源闲置浪费的问题，又可以综合利用医院现有的医护人员和仪器设备。因此，临终关怀的兴起为节约医疗资源、有效利用有限的资源提供了可能。

临终关怀符合人类追求高生命质量的客观要求，是社会文明的标志。医护人员作为具体实施者，充分体现了医护职业道德的崇高。

三、老年人的死亡教育

死亡教育是有关死亡知识的社会化、大众化的过程。死亡教育是实施临终关怀的先决条件。老年人与其亲属是死亡教育中比较特殊的对象，亦是最需要立见效果的对象，通过死亡教育，帮助他们正确地面对自我之死和他人之死，消除他们对死亡的焦虑、恐惧心理，勇敢地正视生、老、病、死的问题。老年人应充分应用生命力量来延缓衰老，调节好自己，与死亡作斗争。

（一）老年人临终心理变化分期

美国心理学家库布勒-罗斯通过研究提出了临终患者通常经历5个心理反应阶段。

1. *否认期*　根据临床观察发现，老年人随着年龄的老化和病情的发展，当得知即将面临死亡时，都会感到震惊和否认。“不，不可能是我，一定是搞错了，”极力否认；并怀着侥幸的心理四处求医，希望是误诊，同时千方百计去打探疾病和预后，希望有新的治疗或奇迹出现。否认期是临终心理表现第一期。

这些反应是一种防卫机制，否认是为了暂时逃避现实压力，减少对患者的刺激。护士应尊重其反应，不要急于揭穿，但也不要对他撒谎，应采取理解、同情、关心的态度，认真倾听他们的心理，耐心、温和地回答他们的询问。

2. *愤怒期*　老年人对自己病情预后不佳不能理解，情感上难以接受现实，痛苦、怨恨嫉妒、无助等心理交织在一起，“为什么是我？这不公平”，心怀愤怒并向他人发泄，以弥补内心的不平,甚至不接受各种治疗,常迁怒别人,训斥周围人员。

护士应理解患者发怒是源于害怕和无助,而不是针对护士本身。应为患者提供发泄愤怒和宣泄感情的机会,给患者宽容、关爱和理解,尽量满足其合理需求,多陪伴患者。

3. *协议期* 经过一段时间的心理适应,由愤怒转为妥协,开始接受临终的事实,心理上转为平静。“是的,是我,但……”,为了延长生命,有些老年人会许愿,希望借此延缓死亡;有些老年人对过去做错的事表示悔恨,变得很和善。

此期的老年人对自己的病情抱有希望,能积极配合治疗。护士应主动关心患者,加强护理,使患者更好地配合治疗,以减轻痛苦。

4. *忧郁期* 老年人发现自己生命已垂危,任何努力都无法阻止死亡的来临,毫无疑问地承认“是啊,就是我”,会产生失落感,情绪极为伤感,并时常沉默、哭泣。此期的老年人不但要忍受生理上的病痛,在心理上更要忍受即将与亲人永别的痛苦。因此会十分想念亲人和朋友或开始交代后事。

护士应允许患者忧伤、哭泣来宣泄情感;尽量给予患者精神支持,满足其合理要求,并鼓励家属多陪伴患者。

5. *接受期* 在生命的最后阶段,老年人面对死亡,不会心灰意冷,更不会抱怨命运,对即将来临的死亡已有所准备,表现出平静、安详,“我已经准备好了”。但因十分虚弱,对周围事情不感兴趣,认为自己不需要治疗与照顾,希望一个人安静地离开人世。

护士应尊重患者,给患者一个安静、舒适的环境,尽量不要打扰患者;继续给予患者关心、支持,加强生活护理,让其安详、平静地离开人世。

重点提示

临终患者经历 5 个心理阶段:否认期、愤怒期、协议期、忧郁期、接受期。

(二)临终老年人的死亡教育

根据老年人不同的年龄、性格、职业、家庭背景等因人而异地开展,培养老年人成熟、健康的心理品质。对老年人进行死亡教育的内容主要包括以下方面。

1. *克服怯懦思想* 当下在老年人中,自杀是一个值得重视的问题,自杀的本身就是怯懦的表现,从一定意义上讲,坚强的生比死更有意义。

2. *正确地对待疾病* 疾病是人类的敌人,它危及人的健康和生存。和疾病作斗争,某种意义上是和死亡作斗争。积极的心理活动有利于提高人体的免疫功能,良好的情绪、乐观的态度和坚定的信心是战胜疾病的良药。

3. *树立正确的生命观* 任何人都不是为了等待死亡而来到这个世界上的。因此,正确的人生观、价值观,是每个人心理活动的关键。生活、学习、工作、娱乐才构成了人生的意义。唯物主义的观点认为,提出生命有尽,可以使人们认识到个人的局限性,从而思考怎样去追求自己的理想,怎样去度过自己人生的岁月。从这个意义上说,对“死”的思考,实际上是对“整个人生观”的思考。

4. *心理上对死亡做好充分准备* 当人们步入老年期以后,面临的是走向人生的终极——

死亡。人们追求优生,同样追求优活,也希望善终、优死,即使临近暮年、濒死也不逊色。怎样使自己剩余的时间过得有意义?认识和尊重临终的生命价值,这对于临终的老年人是非常重要的,也是死亡教育的真谛所在。

对老年人及家属进行死亡教育并不是让他们去掌握生死学的理论,虽然人们都明白“人生自古谁无死”的道理,要做到很安定地对待死亡,从心理上接受死亡、战胜死亡,并不是容易的事。亦不必将有关死亡的所有问题全部讲清,而重点在于了解他们的文化素养和宗教背景,其原先对死亡有什么看法,现面对死亡或即将丧亲的情况下,最恐惧、担心、忧虑的究竟是什么?根据他们的有关情况,运用生死学的知识,帮助老年人解决对死亡的焦虑、恐惧和各种思想负担,使其能坦然面对可能的死亡,同时使老年人家属有准备地接受丧亲之痛。

认识老年人临终心理的五期变化,做好老年人的死亡教育,同时要重视老年人的家属接受丧亲之痛的准备。

第二节　老年人的临终护理

案例分析

患者,男,69岁,慢性支气管炎、肺源性心脏病患者,久病后突然食欲减退,表现为眼眶凹陷,双眼半睁,目光呆滞,答非所问,怕冷,张口呼吸,双下肢水肿,心脏听诊心音低钝,脉搏细速,经抗心力衰竭、抗感染治疗无效死亡。家属悲痛欲绝。

请分析:临终患者的主要临床表现是什么?该如何护理?如何对患者家属进行心理支持?

一、临终护理的概念

临终护理是指为老年临终患者及家属提供一个全面的支持性的身心护理。包括生理、心理、社会等方面,是临终关怀的重要组成的最后部分。老年人临终护理其宗旨是应用护理的方式使老年临终患者的生命质量得以提高,家属的身心健康得以维护,使患者安宁、平静地离开人世。

二、老年人临终前常见的症状与护理

(一)老年人临终的常见症状与护理

1. 呼吸功能衰竭　表现为呼吸频率由快变慢,呼吸深度由深变浅,出现鼻翼扇动、潮式呼吸、张口呼吸、点头样呼吸等,最终呼吸停止。呼吸道堆积分泌物者,可出现痰鸣音。

护理方法:注意观察生命体征,情况许可时,可采取半坐卧位或抬高头部,意识不清者采取仰卧头偏向一侧或侧卧位,以利于呼吸道分泌物的流出。可根据病情给予吸氧、吸痰,并保持呼吸道通畅。

2. 循环功能衰竭　表现为血压下降甚至测不到;脉搏细速、不规则或测不出;皮肤苍白、湿冷、四肢发绀。

护理方法:严密监测患者的体温、呼吸、脉搏、血压、皮肤色泽等,注意四肢保暖,必要时给予热水袋。

3. 肌张力减弱或丧失　表现为大小便失禁，吞咽困难，肢体软弱无力，无法维持正常的舒适功能体位，不能进行自主躯体活动，呈希氏面容（面肌消瘦，面部呈铅灰色，眼眶凹陷，双眼半睁，目光呆滞，下颌下垂，嘴微张）。

护理方法：尽量保持老年人的个人卫生，做好口腔护理、皮肤护理，保证衣服被褥清洁平整，以保持老年人较好的情绪和生活质量。帮助患者采取舒适的体位，经常翻身，按摩受压部位，大小便失禁者要保持会阴部皮肤清洁、干燥，预防压疮的发生。

4. 疼痛　常由躯体疾病引起，但心理因素也可诱发患者的疼痛。患者常表现为烦躁不安和血压、心率的改变，呼吸增快或减慢，瞳孔散大，疼痛面容，即五官扭曲、眉头紧锁、眼睛睁大或紧闭、双眼无神、咬牙等。

护理方法：观察疼痛的部位、性质、程度及持续时间，帮助老年人选择有效的镇痛方法，取舒适的体位，稳定情绪，转移注意力等，必要时使用药物镇痛。

5. 营养缺乏　表现为营养失衡，体重下降。

护理方法：给予高热量、高蛋白流质或半流质饮食，不能进食者给予鼻饲或肠外营养，保证老年人的营养供给。

6. 意识、感知觉改变　意识改变可表现为嗜睡、意识模糊、昏睡、昏迷等。视觉逐渐退化，由视物模糊发展到只有光感，直至视力消失。听觉常是最后消失的感觉。

护理方法：为老年人创造良好的环境，提供单独病室，环境安静、舒适和温暖，光照适宜，以增加安全感。双眼半睁者，应定时涂眼药膏，并用湿纱布覆盖。老年人视力丧失时，应用语言和触觉与其保持联系。患者的听力往往最后消失，所以护士讲话应清晰、语气柔和，消除老年人的孤独感，不要在床旁讨论老年人的病情或失声痛哭，避免不良刺激。

（二）临终患者家属的心理支持

面对亲人的即将逝去，有时家属比将要去世的老年人更加悲痛。他们常常表现为痛苦与悲哀，甚至出现和患者相似的心理反应过程。因此，做好家属的心理支持工作对临终老年人也是一个安慰。护理方面要尽量满足家属照顾患者的需要，与家属积极沟通，建立良好的关系，鼓励家属与患者在一起表达情感，指导家属对患者的生活照顾，使其在照顾亲人的过程中获得心理慰藉；鼓励家属表达内心的悲痛情绪；满足家属本身的合理需求，对家属多关心体贴，帮助其安排陪伴期间的生活；尽量帮助他们解决实际困难；帮助家属接受“逝者已矣”这一事实，给逝者创造安宁的环境。

重点提示

进入临终期的老年人，生理变化主要表现为疼痛、呼吸功能的衰退、循环功能的减退、胃肠道功能的下降、肌张力的丧失、感知觉及意识的改变、临近死亡的体征等。

三、老年人死亡后的身体护理

老年人死亡后的身体护理是对老年人生前良好护理的继续，要求护理人员严肃认真，一丝不苟，保持崇高的道德责任感，认真地完成身体护理。死亡后的身体护理又称尸体料理，是在证实老年患者确已死亡,医生开具死亡证明书后立即进行的一项护理措施。这样可以防止尸体僵硬,也可以避免对其身边人的不良影响。

尸体料理

1. 目的

(1)使尸体清洁,表情安详,姿势良好,易于辨认。

(2)安慰家属,减轻哀痛。

2. 评估

(1)死亡的原因及时间。

(2)尸体有无伤口、引流管。

(3)尸体的重量。

(4)逝者的家属对死亡的认知,对逝者的态度。

3. 用物

(1)治疗盘内备衣裤一套,血管钳,不脱脂的棉花适量、剪刀、尸体识别卡3张、梳子、松节油、绷带适量。

(2)按需要备擦洗用物、屏风。

(3)有伤口者备敷料,必要时备隔离衣和手套。

4. 操作步骤

(1)填写死亡通知单及尸体识别卡。

(2)洗手戴口罩,备齐用物至床旁,用屏风遮挡,维护患者隐私,头下垫枕,防止面部淤血变色。协助闭上眼睑,对家属是一种安慰。

(3)用棉花填塞口、鼻、耳、阴道、肛门等孔道,以免液体外溢,注意棉花不要外露。

(4)擦净尸体,有胶布痕迹用松节油擦净,有创口更换辅料,有引流管的拔出后缝合或胶布封闭包扎。

(5)穿衣裤,在右手手腕上系第一张尸体识别卡,以免认错尸体。用尸单包好尸体,系第二张尸体识别卡在腰部。盖大单置于停尸屉内,放第三张尸体识别卡于停尸屉外。

(6)清洁消毒床单位。在体温单40~42℃处填写死亡时间,停止一切医嘱。

5. 注意事项

(1)患者经过抢救无效,由医生证明确已死亡,方能进行尸体料理。

(2)尸体护理应在患者死亡后立即进行,防止尸体僵硬。

(3)态度要严肃、认真。

(4)要使尸体位置良好、清洁、无液体外流。

(5)将尸体包裹固定好,符合要求。

(6)尸体识别卡正确填写(图8-1)。

(7)安慰家属。清点遗物交给家属。若家属不在时,应由2名护士共同清点,将贵重物品列出清单,2人签名字后交护士长保存,以便交还死者家属或工作单位。

尸体识别卡

姓　名__________性　别__________年　龄__________住院号__________

病　室__________床　号__________籍　贯__________诊　断__________

死亡时间________年________月________日________时________分

死亡原因____

家庭住址____

年　月　日　护士签名：

医　院：

图 8-1　尸体识别卡

讨论与思考

李大妈，69 岁，被查出患有晚期肺癌。

问题：

(1)李大妈会出现哪些心理变化？

(2)当老年人出现临终症状时你应该提供哪些护理？

（张　静）

实 训 指 导

实训 1　老年人躯体健康评估

【实训目标】

1. 掌握老年人健康评估的内容、方法和技巧。

2. 学会运用相关常用评估量表对社区老年人进行评估。

3. 培养学生尊老、敬老、爱老、助老的良好职业道德。

【实训准备】

1. *用物准备*　Katz 老年人日常生活功能指数评价量表(见附录 A 中的附表 2)、Lawton 功能性日常生活能力量表(见附录 A 中的附表 3)。

2. *老年人准备*　可以有针对性地在社区、养老院、托老所、老年公寓选取一定数量的老年人,向老年人说明本次实践的方法和意义,取得老年人配合。有条件的可邀请老年人到学校参与实践。

3. *护生准备*　复习与老年人沟通、躯体健康评估和社会健康等评估的基本方法、注意事项。

【实训内容】

1. 熟悉健康评估的内容。

2. 掌握健康评估的方法。

【实训过程与方法】

1. 在实验室内由老师或同学模拟布置老年人的居室,包括卧室、厨房、卫生间等,请不同的老年人或扮演老年人的学生在居室内模拟老年人日常生活活动,然后由其他学生观察老年人状况,按照老年人躯体健康一般状态评估、Katz 日常生活功能指数评价量表及 Lawton 功能性日常生活能力量表的内容了解老年人躯体健康状况,是否影响老年人的生活,并指导改进的方法。

2. 先由带教老师示范,对某位老年人的躯体健康状况进行评估、指出老年人在生活自理、营养与排泄、活动、疾病状况、日常生活能力等方面存在的问题并加以指导。

3. 分组进行,每组以 3~6 人为宜。分别对老年人进行评估,并认真填写表格。

【实训作业】

1. 实训后以小组为单位汇报实训结果。讨论老年人身体状况评估。

2. 教师给予点评和总结。

(于志云)

实训2　老年人心理健康评估

【实训目的】

1. 运用护理程序对老年人实施常见心理问题的护理。

2. 老年心理问题常用评估量表内容和评价方法。

3. 掌握老年沟通的方法与技巧。

4. 培养学生与患者及家属的良好沟通能力,具有对老年人的尊重和关爱的道德品质。

【实训准备】

1. *学生准备*　复习教材第3章老年人的心理健康与护理。

2. *用物准备*　准备老年心理问题常用评估量表。

3. *老年人准备*　可以有针对性地在社区、养老院、托老所、老年公寓选取一定数量的老年人,向老年人说明本次实践的方法和意义,取得老年人配合。有条件的可邀请老年人到学校参与实践。

【实训内容】　选择典型焦虑的老年患者,运用护理程序对患者进行评估示教,提出护理诊断,制定护理措施。

【实训过程与方法】

1. 教师示范使用量表对老年人进行焦虑评估的方法。

2. 学生4~6人为一组,进行实训。针对有焦虑表现的老年人,通过体检和交谈等搜集资料的方法,进行量表评估。

3. 实训后以小组为单位汇报所见老年焦虑患者的表现,汇总评价结果,对痴呆老年人进行评分。

4. 教师给予点评和总结。

【实训作业】　要求学生每人制定一份老年焦虑症的护理计划。

（张爱萍）

实训3　老年人日常生活护理

【实训目的】

1. 学会正确评估老年人的日常生活环境。

2. 学会正确评估老年人的日常生活能力和老年人的生活质量。

3. 学会与老年人沟通,学会尊重、关心、爱护老年人。

4. 了解老年人的日常生活要求,能对老年人日常生活进行指导。

【实训准备】

1. *用物准备*　听诊器、笔、老年人居家环境安全评估量表(见附录A中的附表1)、老年人日常生活能力评估量表(见附录A中的附表2、附表3)、老年人日常生活质量评估量表(见附录A中的附表11)。

2. *老年人准备*　联系养老院或老年公寓,选取几位老年人,提前向老年人说明学生实践的方法和意义，以获得老年人配合。

3. 护生准备　复习老年人日常生活指导的相关知识，以及与老年人沟通技巧，并掌握日常生活评估量表中的各项内容和评估标准。要求仪表端庄，衣帽整洁。

4. 环境准备　要求养老院评估环境安静、舒适、光线适宜、必要时使用屏风。

【实训内容】　老年人日常生活环境评估；老年人日常生活能力和老年人的生活质量评估。

【实训过程与方法】

1. 选择养老院或老年公寓为见习点。

2. 带教老师先进行示范，对某位老年人的居家环境安全(见附录 A 中的附表 1)，日常生活活动能力(见附录 A 中的附表 2、附表 3)及生活质量(见附录 A 中的附表 11)进行评估，指出老年人在居家安全、个人卫生、营养与排泄、活动等方面存在的问题，并进行指导。

3. 学生分组进行，每 4~6 人为一组。每组学生分别对老年人的居家环境安全、日常生活活动能力及生活质量进行评估，并对老年人进行日常生活指导。带教老师进行巡视、指导。

4. 每组同学对本组收集到的资料进行讨论、整理、统计。

5. 每组派一名学生代表汇报本次实践情况与讨论结果。

6. 最后，带教老师进行点评、总结。

【实训作业】

1. 每组对见习过程中收集的各类评估量表信息进行整理，写出见习报告。

2. 每位学生写一份老年人日常生活的护理计划。

(生加云)

实训 4　老年人安全用药护理

【实训目标】

1. 熟悉老年人用药后常见的不良反应及安全用药的指导。

2. 学会老年人安全用药的基本知识与技能。

【实训准备】　复习教材内容：第 5 章老年人的安全用药与护理。

【实训内容】

1. 熟悉老年人用药原则。

2. 熟悉老年人安全用药的指导。

【实训过程与方法】

1. 先由教师示范(以口服给药为例)。

(1) 全面评估老年人的用药情况。

(2) 向老年人解释所服药物的作用、用量、适宜的服药时间等注意事项。

(3) 为老年人取药、配药、照顾老年人服药。

(4) 观察老年人用药后的情况并记录。

(5) 整理用物并再次询问用药后的感觉。

2. 每 4~6 人为一组，进行实训。对老年人用药情况进行评估并指导用药。

【实训作业】

1. 实训后以小组为单位汇报实训结果。讨论老年人安全用药的指导与护理。

2. 教师给予点评和总结。

(于志云)

实训5 老年人常见健康问题护理——跌倒的预防

【实训目的】

1. 了解易引起老年人跌倒的相关因素,指导老年人对危险因素进行规避。

2. 在实训中运用沟通技巧,注重人文关怀,体现对老年人的尊重。

3. 培养护生良好的职业素养。

4. 在实训中将对老年人进行跌倒预防的健康教育融会贯通。

【实训准备】

1. 护生准备 衣帽整洁、修剪指甲、洗手。掌握跌倒的护理措施与老年人常见心理问题护理和与老年人的沟通技巧。

2. 用物准备 根据老年人现在的身体情况,适当准备助步器或拐杖。

3. 环境准备 环境宽敞、光线适宜、地面平整无凸凹、水渍。一般地点设置在养老机构或医院的老年科。

【实训内容】

1. 老年人跌倒相关因素查找,能在老年人所处的环境中,全面快速地找出可导致老年人跌倒的相关危险因素,并对老年人进行健康教育。

2. 指导老年人正确地使用助步器和拐杖等辅助用具。

3. 对有跌倒史的老年人进行原因查找,防止再次跌倒。

4. 教会老年人跌倒后正确起身的方法。

【实训过程与方法】

1. 教师示教。对有跌倒危险的老年人进行评估,并对老年人进行健康教育。

2. 学生3~5人一组,进行实训练习。同样选择有跌倒史或跌倒危险的老年人进行评估,评估后对现存和潜在的危险因素有针对性地进行健康教育。

3. 实训后以每小组由一名同学进行实训汇报。由各组推选的同学进行综合讨论分析,预防跌倒的措施。

4. 由示教老师随机抽取一名同学演示跌倒后正确起身的方法。来了解学生掌握的情况。

5. 教师给予点评和总结。

【实训作业】

1. 书写跌倒预防的实验报告。

2. 实验小组每小组上交一份实训期间对所帮助老年人具体问题的分析报告。

(林丽丽)

实训6 老年人常见疾病护理

一、老年性痴呆病人的护理

【实训目的】

1. 老年人护理评估的方法和技巧。

2. 认识老年痴呆各期的临床表现。

3. 老年痴呆常用评估量表内容和评价方法。

4. 培养学生与患者及家属的良好沟通能力,具有对老年人的尊重和关爱的道德品质。

【实训准备】

1. 复习教材内容:第7章老年人常见的疾病及护理中“老年性痴呆”。

2. 教师讲解痴呆相关评估量表的使用方法和使用过程中的注意事项。

3. 掌握第3章老年人的心理健康与护理中与老年人沟通与交流的技巧。

【实训内容】 选择典型老年痴呆症患者,运用护理程序对患者进行评估示教,提出护理诊断,制定护理措施。

【实训过程与方法】

1. 教师示范使用量表对老年人进行痴呆评估的方法。

2. 学生4~6人一组,进行实训。针对有痴呆表现的老年人,通过体检和交谈等搜集资料的方法,进行量表评估。

3. 实训后以小组为单位汇报所见老年痴呆患者痴呆表现,汇总评价结果,对痴呆老年人进行痴呆分期。

4. 教师给予点评和总结。

【实训作业】 要求学生每人制定一份老年痴呆症的护理计划。

二、老年糖尿病病人的护理

【实训目的】

1. 熟悉老年糖尿病的病因、临床表现及治疗原则。

2. 对老年糖尿病进行评估、提出护理诊断、掌握护理措施。

3. 实训中体现对老年人的尊重,关爱。展现良好的人文素养和专业素质。

【实训准备】

1. 复习教材内容:第7章老年人常见的疾病及护理中“老年糖尿病”。

2. 将学生分成小组,每组4~6人,每组给1个病例,针对性地提出问题以启发学生思维,让学生分组讨论如何对患者实施护理。

3. 学生通过查阅相关资料,制定具体的实训内容,以及实训操作步骤。

【实训内容】 可选择典型老年糖尿病患者,运用护理程序对患者进行评估示教,提出护理诊断,制定护理措施。无条件者,可准备护理病历资料,结合情境式教学模式,实施综合实训。

【实训过程与方法】

1. 典型病例示教或情境式教学模式。

2. 学生4~6人一组,进行实训。针对老年糖尿病患者,通过体检和交谈等搜集资料的方法,进行评估。

3. 实训后以小组为单位汇报所见老年糖尿病患者的临床表现,汇总评价结果。

4. 教师与学生结合,共同评价实训结果。评价内容包括沟通能力、人文关怀、项目的熟练程度、物品的整理及作业等内容。

【实训作业】 要求学生每人制定一份老年糖尿病的护理诊断和合理的护理计划。

(陈　瑜)

参考文献

陈长香 . 2013. 老年护理学 . 2 版 . 北京:清华大学出版社:36-85.

陈云华,张小燕.2008. 老年护理.2 版.北京:人民卫生出版社:93-107.

戴晓阳 . 2011. 常用心理评估量表手册 . 北京:人民军医出版社 .

邸淑珍 . 2010. 老年护理 . 北京:人民军医出版社:1-115.

郭桂芳 . 2012. 老年护理学 . 北京:人民卫生出版社:211-222.

化前珍 . 2013. 老年护理学 . 3 版 . 北京:人民卫生出版社:53-55,113-116.

黄惟清,陈志英 . 2012. 老年护理 . 北京:北京出版社:1-18,76-96.

赖小星,马玉芬,孙蓓 . 2011. 国外老年护理工作对我国老年护理发展的启示 . 中华现代护理杂志,17(4):493-496.

李玲 . 2013. 老年护理学 . 北京:北京大学医学出版社:7-13.

鲁谨,张桂青 . 2008. 老年抑郁症心理干预的研究进展 . 医学与哲学,29(8):66-67.

罗悦性 . 2011. 老年护理 . 2 版 . 北京:人民卫生出版社:164-168,183-205.

石瑞君,孙耐娜 . 2009. 日本老年护理见闻对我国老年护理发展的思考 . 护理学报,16(10A):26-28.

王平 . 2014. 全国护士执业资格考试同步练习及解析 . 4 版 . 北京:人民军医出版社 .

王世俊 . 2007. 老年护理学 . 4 版 . 北京:人民军医出版社:262-266.

吴之明 . 2006. 老年护理 . 北京:高等教育出版社:1-9,73-88.

肖洪俊,曲振平 . 2009. 老年护理 . 北京:人民卫生出版社:67-75.

尤黎明 . 2007. 老年护理学 . 2 版 . 北京:北京大学医学出版社:89-224.

余晓齐 . 2013. 老年护理学 . 郑州:河南科学技术出版社:137-154.

张继英 . 2009. 养老护理员 . 北京:中国劳动社会保障出版社:3-67,107-121.

张小燕 . 2011. 老年护理 . 北京:人民卫生出版社:1-23,61-84.

祝雪花,余昌妹 . 2006. 空巢老人健康状况及社区护理需求的调查研究 . 护理学杂志,21(15):69-70.

附录A 老年人护理常用评估量表

附表1 老年人居家环境安全评估量表

部 位	评估要素
一般居室	
光线、通风	光线是否充足？通风是否良好？
温度、湿度	是否适宜？
地面、地毯	是否平整、干燥、无障碍物？是否防滑？是否平整、不滑动？
家具	放置是否稳固、固定有序，有无阻碍通道？拐角是否圆滑？
床、沙发	高度是否在老年人膝盖下、与其小腿长基本相等？
开关、电线	安置如何？是否方便？是否远离火源、热源？
取暖设备	设置是否妥善？
电话、应急铃	应急灯或铃是否正常？紧急电话号码是否易见、易取？
厨房	
地板	有无防滑措施？
燃气	“开”“关”的按钮标志是否醒目？
浴室	
浴室门	门锁是否内外均可打开？
地板	有无防滑措施？
便器	高低是否合适，有无设扶手？
浴盆	高度是否合适？盆底是否垫防滑胶毡？
楼梯	
光线	光线是否充足？
台阶	是否平整无破损，高度是否合适，台阶之间色彩差异是否明显？
扶手	有无扶手？

附表2 Katz老年人日常生活功能指数评价量表

生活能力	项 目	分值
进食	进食自理无需帮助	2
	需帮助备餐，能自己进食	1
	进食或经静脉给营养时需要帮助	0
更衣（取衣、穿衣、扣纽扣、系带）	完全独立完成	2
	仅需要帮助系鞋带	1
	取衣、穿衣需要协助	0
沐浴（擦浴、盆浴或淋浴）	独立完成	2
	仅需要部分帮助（如背部）	1
	需要帮助（不能自行沐浴）	0
移动（起床、卧床，从椅子上站立或坐下）	自如（可以使用手杖等辅助器具）	2
	需要帮助	1

续表

生活能力	项 目	分值
	不能起床	0
如厕(大小便自如,便后能自洁及整理衣裤)	无需帮助,或能借助辅助器具进出厕所	2
	需帮助进出厕所、便后清洁或整理衣裤	1
	不能自行进出厕所完成排泄过程	0
控制大小便	能完全控制	2
	偶尔大小便失禁	1
	排尿、排便需别人帮助,需用导尿管或失禁	0

1. 量表的结构和内容:此量表将 ADL 功能分为 6 个方面,即进食、更衣、沐浴、移动、如厕和控制大小便,以决定各项功能完成的独立程度;

2. 评定方法:通过与被测者、护理人员交谈或被测者自填问卷,确定各项评分,计算总分值;

3. 结果解释:总分值的范围是 0~12,分值越高,提示被测者的日常生活能力越高。

附表 3 Lawton 功能性日常生活能力量表

生活能力	项 目	生活能力
你能自己做饭吗?	无需帮助	2
	需要一些帮助	1
	完全不能自己做饭	0
你能自己做家务或勤杂工作吗?	无需帮助	2
	需要一些帮助	1
	完全不能自己做家务	0
你能自己服药吗?	无需帮助(能准时服药,剂量准确)	2
	需要一些帮助[别人帮助备药,和(或)提醒服药]	1
	没有帮助完全不能自己服药	0
你能去超过步行距离的地方吗?	无需帮助	2
	需要一些帮助	1
	除非做特别安排,否则完全不能旅行	0
你能去购物吗?	无需帮助	2
	需要一些帮助	1
	完全不能自己出去购物	0
你能自己理财吗?	无需帮助	2
	需要一些帮助	1
	完全不能自己出去理财	0
你能打电话吗?	无需帮助	2
	需要一些帮助	1
	完全不能自己打电话	0

1. 量表的结构和内容:量表例举了 7 项活动,主要用于评定被测者的功能性日常生活能力;

2. 评定方法:通过与被测者、护理人员交谈或被测者自填问卷,确定各项评分,计算总分值;

3. 结果解释:总分值的范围 0~14 分,分值越高,提示被测者的功能性日常生活能力越高。

附表 4　改良长谷川痴呆量表

姓名＿＿＿＿＿　性别＿＿＿＿＿　年龄＿＿＿＿＿　文化程度＿＿＿＿＿

改良后长谷川痴呆量表简单易行,对痴呆的早期诊断很有帮助。该量表经我国学者修正后,已适合中国国情,故在我国应用比较多,可以说是目前国内应用最广泛的量表。改良长谷川痴呆量表虽只 11 项,但包括了常识、识记、记忆、计算及定向 5 个方向的测试,这是一个他评量表,由医生通过提问的方式对被试进行评定,对被试说明“下面我要问你一些非常简便的问题,测验一下你的注意力和记忆力,请你不要紧张,尽力完成。”

询问内容		计分				
		错误	正确			
定向力	1. 今天是几月？几日？星期几？	0	1	2	3	
	2. 你现在在什么地方？	0		2.5		
	3. 你多大年纪？(±3 年为正确)	0		2		
记忆力	4. 你在这里住了多久？	0		2.5		
	5. 你在什么地方出生？	0		2		
	6. 新中国何时成立？(±3 年为正确)	0	1.5	2.5	3.5	
日常知识	7. 1 年有多少月？	0		2.5		
	8. 总理是谁？主席是谁？	0	1.5	3		
计算力	9. 100−7=？再减 7=？	0	2	4		
近记忆	10. 倒数数字,如 682→286,3529→9253	0	2	4		
	11. 先将五样东西摆在受试者前,然后把一样东西拿走,问少了什么	0	0.5	1.5	2.5	3.5

1. 本量表总分为 32.5,总分≥30 分为智能正常,29.5～20 分为轻度智能低下,19.5～10 分为中度智能低下,<10 分为重度智能低下。总分<15 分者可诊断为痴呆;

2. 实践应用还发现,本表用于测试健康人的得分与受教育程度有关,即受教育程度越低,得分越少。因此,用改良长谷川痴呆量表评定是否痴呆,不同文化程度的标准应该有所区别,不要完全用上述得分标准轻易地下诊断。

附表 5　简易智力状态检查量表(MMSE)

姓名＿＿＿＿＿　性别＿＿＿＿＿　年龄＿＿＿＿＿　文化程度＿＿＿＿＿

下面是检查认知智力功能的一些问题,请直接向被试者询问,并根据被试者的实际表现和回答结果进行选择。注意:测验时,不要让其他人干扰检查。

(1. 正确;2. 错误;3. 拒绝回答;4. 说不会做;5. 文盲)

项　目	得　分				
1. 今年的年份是？					
年	1	2	3	4	5
2. 现在是什么季节？					
季节	1	2	3	4	5
3. 今天是几号？					
日	1	2	3	4	5

续表

项　目	得　分				
4. 今天是星期几？					
星期	1	2	3	4	5
5. 现在是几月份？					
月	1	2	3	4	5
6. 你能告诉我现在我们在哪里？					
例如，现在我们在哪个省，市？省(市)	1	2	3	4	5
7. 你住在什么区(县)？					
区(县)	1	2	3	4	5
8. 你住在什么街道？					
街道(乡)	1	2	3	4	5
9. 我们现在的位置是第几层楼？					
楼层	1	2	3	4	5
10. 这儿是什么地方？					
地址(名称)	1	2	3	4	5
11. 现我要说三样东西的名称，在我讲完之后，请你重复说一遍，请你好好记住这三样东西，因为等一下要再问你的(请仔细说清楚，每一样东西1秒钟)。“皮球”“国旗”“树木”请你把这三样东西说一遍(以第一次答案计分)					
皮球	1	2	3	4	5
12. 第二样是什么东西？					
国旗	1	2	3	4	5
13. 第三样是什么东西？					
树木	1	2	3	4	5
14. 现在请你从100减去7，然后从所得的数目再减去7，如此一直计算下去，把每一个答案都告诉我，直到我说“停”为止。					
93	1	2	3	4	5
15. 93-7=					
86	1	2	3	4	5
16. 86-7=					
79	1	2	3	4	5
17. 79-7=					
72	1	2	3	4	5
18. 现在请你告诉我，刚才我要你记住的三样东西是什么？第一样					
皮球	1	2	3	4	5
19. 第二样					
国旗	1	2	3	4	5
20. 第三样					
树木	1	2	3	4	5
21. 请问这是什么？					
拿出你的手表	1	2	3	4	5

续表

项 目	得 分				
22. 请问这是什么? 拿出你的铅笔	1	2	3	4	5
23. 现在我要说一句话,请清楚地重复一遍,这句话是:“四十四只石狮子”	1	2	3	4	5
24. 请照着这卡片所写的去做。 把写有“闭上您的眼睛”大字的卡片交给受访者	1	2	3	4	5
25. 访问员:说下面一段话,并给他一张空白纸,不要重复说明,也不要示范。请用右手拿这张纸,再用双手把纸对折,然后将纸放在你的大腿上	1	2	3	4	5
26. 把纸对折	1	2	3	4	5
27. 放在大腿上	1	2	3	4	5
28. 请你说一句完整的,有意义的句子(句子必须有主语、动词),记下所叙述句子的全文	1	2	3	4	5
29. 是一张图,请你在同一张纸上照样把它画出来。(对:两个五边形的图案,交叉处形成个小四边形)	1	2	3	4	5

MMSE 使用指南

1. 定向力 每说对一个计 1 分,共 5 分。日期和星期差一天可计正常。月、日可以记阴历。如受访者少说了其中一个或几个(如忘记说月份、星期几等),调查员应该补充再问一遍受访者遗漏的内容。

2. 记忆 要求患者记忆 3 个性质不同样的物件,要告诉受访者你可能要考察他(她)的记忆力。调查员说的时候需连续、清晰、一秒钟一个。第一次记忆的结果确定即刻记忆的分数,每说对一项给 1 分,共 3 分。如果受访者没有全部正确说出,调查员应该再重复说一遍让受访者复述。重复学习最多 6 次,若仍不能记忆,则后面的回忆检查则无意义。

3. 注意和计算

(1)计分方式为 0 或 2 分,没有 1 分。调查员不能帮助受访者记答案,如受访者说 20-3 等于 17,调查员不能说 17-3 等于多少?而只能说再减 3 等于多少。

(2)要求患者从 100 连续减 7。计分方式为 0 或 2 分,没有 1 分。调查员不能帮助受访者记答案。

(3)计分方式为 0 或 2 分,没有 1 分。

4. 判别能力 该部分考查受访者的形成抽象概念的能力。

(1)按照 3 个部分分别给分。说出苹果和橘子的大小、颜色、长在树上都是属于表面特征,给 1 分。如受访者说出“能吃的”则再给 1 分。而说出都是水果或果实再给 1 分。总共 3 分。这个项目的计分不是受访者说出任意一个相同点就给 1 分,如果说出的几点都是表面特征只能给 1 分。

(2)按照 3 个部分分别给分。说出形状上的不同(如高或矮,外形)给 1 分。如果说出用途的不同单独给 1 分。如果说出两者设计依据上的不同(椅子以人腿的长度为设计依据,而桌子以人上半身高度为依据）再给 1 分。

5. 复述　考查受访者的短期记忆。说对一个给 1 分，总共 3 分。不论受访者第 18 项的完成情况如何，这里都要求受访者复述一遍。

6. 语言　从命名、语言的流畅性、听懂命令和阅读书写等方面考查受访者的语言能力。

（1）命名：给患者出示表和圆珠笔，能正确命名各计 1 分。

（2）语言复述：是检查语言复述能力，要求患者复述中等难度的短句子。调查员只能说一次，正确无误复述给 1 分。

（3）三级命令：准备一张白纸，要求受访者把纸用右手拿起来，把它对折起来，放在左腿上。3 个动作各得 1 分。调查员把 3 个命令连续说完后受访者再做动作。

（4）阅读理解：让受访者看右边纸上“闭上您的眼睛 3 次”，请受访者先朗读一遍，然后要求受访者按纸写命令去做。受访者能闭上双眼给 1 分。

附表 6　临床痴呆评定量表

项　目	无痴呆 CDR 0	可疑痴呆 CDR 0.5	轻度痴呆 CDR 1.0	中度痴呆 CDR 2.0	重度痴呆 CDR 3.0
记忆力	无记忆力缺损或只有轻度不恒定的健忘	轻度、持续的健忘；对事情能部分回忆，属“良性”健忘	中度记忆缺损；对近事遗忘突出，有碍日常活动的记忆缺损	严重记忆缺损；能记住过去非常熟悉的事情，新材料则很快遗忘	严重记忆丧失；仅存片断的记忆
定向力	能完全正确定向	除时间定向有轻微困难外，能完全正确定向	时间定向有中度困难；对检查的地点能定向；在其他地点可能有地理性失定向	时间定向有严重困难；通常对时间不能定向，常有地点失定向	仅有人物定向
判断力+解决问题能力	能很好解决日常问题、处理职业事务和财务；判断力良好，与过去的水平有关	在解决问题、判别事物间的异同点方面有轻微缺损	在解决问题、判别事物间的异同点方面有中度困难；社会判断力通常保存	在解决问题、判别事物间的异同点方面有严重损害；社会判断力通常受损	不能做出判断或不能解决问题
社会事务	在工作、购物、志愿者和社会团体方面独立的水平与过去相同	在这些活动方面有轻微损害	虽然可能还参加但已不能独立进行这些活动；偶尔检查是正常	不能独立进行室外活动；但可被带到室外活动	不能独立进行室外活动；病重得不能被带到室外活动
家庭+爱好	家庭生活、爱好和需用智力的兴趣均很好保持	家庭生活、爱好和需用智力的兴趣轻微受损	家庭活动轻度障碍是肯定的，放弃难度大的家务，放弃复杂的爱好和兴趣	仅能做简单家务，兴趣保持的范围和水平都非常有限	丧失有意义的家庭活动
个人料理	完全有能力自我照料	完全有能力自我照料	需要督促	在穿着、卫生、个人财务保管方面需要帮助	个人料理需要很多帮助；经常大小便失禁

附表7　汉密尔顿焦虑量表

项　目	主要表现
1. 焦虑心境	担心、担忧,感到有最坏的事将要发生,容易激惹
2. 紧张	紧张感、易疲劳、不能放松、易哭、颤抖、感到不安
3. 害怕	害怕黑暗、陌生人、一人独处、动物、乘车或旅行、公共场合
4. 失眠	难以入睡、易醒、睡眠浅、多梦、夜惊、醒后感觉疲倦
5. 认知功能	注意力不能集中、注意障碍、记忆力差
6. 抑郁心境	丧失兴趣、抑郁、对以往爱好缺乏快感
7. 躯体性焦虑(肌肉系统)	肌肉酸痛、活动不灵活、肌肉和肢体抽动、牙齿打颤、声音发抖
8. 躯体性焦虑(感觉系统)	视物模糊、发冷发热、软弱无力感、浑身刺痛
9. 心血管系统症状	心动过速、心悸、胸痛、血管跳动感、晕倒感、心搏脱漏
10. 呼吸系统症状	胸闷、窒息感、叹息、呼吸困难
11. 胃肠道症状	吞咽困难、嗳气、消化不良(进食后腹痛、腹胀、恶心、胃部饱感)、肠动感、肠鸣、腹泻、体重减轻、便秘
12. 生殖泌尿系统症状	尿频、尿急、停经、性冷淡、早泄、阳痿
13. 自主神经系统症状	口干、潮红、苍白、易出汗、紧张性头痛、毛发竖起
14. 会谈时行为表现	1)一般表现:紧张、不能松弛、忐忑不安、咬手指、紧握拳、面肌抽动、手发抖、皱眉、表情僵硬、肌张力高、叹息样呼吸、面色苍白 2)生理表现:吞咽、打呃、安静时心率快、呼吸快、腱反射亢进、震颤、瞳孔放大、眼睑跳动、易出汗、眼球突出

1. 评定方法:由经过训练的两名专业人员对受试者进行联合检查,然后分别进行评定。用0~4分的5级评分法评分,各级评分标准:0=无症状;1=轻度;2=中等,有肯定的症状,但不影响生活与劳动;3=重度,症状重,需进行处理或已影响生活和劳动;4=极重,症状极重,严重影响生活;

2. 分界值:总分≥29分,提示严重焦虑;≥21分,提示有明显焦虑;≥14分,提示有肯定的焦虑;≥7分,提示可能有焦虑;<7分则提示无焦虑;

3. 因子分析:将第1~6项以及第14项分数相加,除以7,得到精神性焦虑因子分;将第7~13项分数相加,除以7,得到躯体性焦虑因子分。因子分提示受试者焦虑症状的特点。

附表8　焦虑状态问卷

指导语:下面列出的是一些人们常常用来描述他们自己的陈述,请阅读每一个陈述,然后在右边适当的圈上打勾来表示你现在最恰当的感觉,也就是你此时此刻最恰当的感觉。没有对或错的回答,不要对任何一个陈述花太多的时间去考虑,但所给的回答应该是你现在最恰当的感觉。

主要表现	完全没有	有些	中等程度	非常明显
*1. 我感到心情平静	①	②	③	④
*2. 我感到安全	①	②	③	④
3. 我是紧张的	①	②	③	④
4. 我感到紧张、束缚	①	②	③	④
*5. 我感到安逸	①	②	③	④
6. 我感到烦乱	①	②	③	④
7. 我现在正烦恼,感到这种烦恼超过了可能的不幸	①	②	③	④

续表

主要表现	完全没有	有些	中等程度	非常明显
* 8. 我感到满意	①	②	③	④
9. 我感到害怕	①	②	③	④
* 10. 我感到舒适	①	②	③	④
* 11. 我有自信心	①	②	③	④
12. 我觉得神经过敏	①	②	③	④
13. 我极度紧张不安	①	②	③	④
14. 我优柔寡断	①	②	③	④
* 15. 我是轻松的	①	②	③	④
* 16. 我感到心满意足	①	②	③	④
17. 我是烦恼的	①	②	③	④
18. 我感到慌乱	①	②	③	④
* 19. 我感觉镇定	①	②	③	④
* 20. 我感到愉快	①	②	③	④
* 21. 我感到不愉快	①	②	③	④
22. 我感到神经过敏和不安	①	②	③	④
* 23. 我感到自我满足	①	②	③	④
* 24. 我希望能像别人那样高兴	①	②	③	④
25. 我感到我像衰竭一样	①	②	③	④
* 26. 我感到很宁静	①	②	③	④
* 27. 我是平静的、冷静的和泰然自若的	①	②	③	④
28. 我感到困难一一堆积起来,因此无法克服	①	②	③	④
29. 我过分忧虑一些事,实际这些事无关紧要	①	②	③	④
* 30. 我是高兴的	①	②	③	④
31. 我的思想处于混乱状态	①	②	③	④
32. 我缺乏自信心	①	②	③	④
* 33. 我感到安全	①	②	③	④
* 34. 我容易做出决断	①	②	③	④
35. 我感到不合适	①	②	③	④
* 36. 我是满足的	①	②	③	④
37. 一些不重要的思想总缠绕着我,并打扰我	①	②	③	④
38. 我产生的沮丧如此强烈,以致我不能从思想中排除它们	①	②	③	④
* 39. 我是一个镇定的人	①	②	③	④
40. 当我考虑我目前的事情和利益时,我就陷入紧张状态	①	②	③	④

计分方法:1,完全没有;2,有些;3,中等程度;4,非常明显。凡正性情绪项目(第1、第2、第5、第8、第10、第11、第15、第16、第19、第20、第21、第23、第24、第26、第27、第30、第33、第34、第36、第39项)前标有“*”表示该项为反序计分,即按上述顺序依次评为4、3、2、1分。如此设计的目的是使问卷本身心理诱导作用降到最低限度,自动纠正自评者夸大或缩小其主观感觉的倾向。

附表 9　老年抑郁量表(GDS)

问题(主要表现)	回答“是”或“否”
1. 你对生活基本上满意吗?	
2. 你是否已放弃了许多活动和兴趣?	
3. 你是否觉得生活空虚?	
4. 你是否常感到厌倦?	
5. 你觉得未来有希望吗?	
6. 你是否因为脑子里有一些想法摆脱不掉而烦恼?	
7. 你是否大部分时间精力充沛?	
8. 你是否害怕会有不幸的事落在你的头上?	
9. 你是否大部分时间感到幸福?	
10. 你是否常感到孤立无援?	
11. 你是否经常坐立不安,心烦意乱?	
12. 你是否希望待在家里而不愿去做些新鲜的事?	
13. 你是否常常担心将来?	
14. 你是否觉得记忆力比以前差?	
15. 你觉得现在活得很惬意吗?	
16. 你是否常感到心情沉重?	
17. 你是否觉得像现在这样活着毫无意义?	
18. 你是否常为过去的事忧愁?	
19. 你觉得生活很令人兴奋吗?	
20. 你开始一件新的工作很困难吗?	
21. 你觉得生活充满活力吗?	
22. 你是否觉得你的处境已毫无希望?	
23. 你是否觉得大多数人比你强得多?	
24. 你是否常为些小事伤心?	
25. 你是否常觉得想哭?	
26. 你集中精力有困难吗?	
27. 你早晨起来很快活吗?	
28. 你希望避开聚会吗?	
29. 你做决定很容易吗?	
30. 你的头脑像往常一样清晰吗?	

1. 每个条目要求被测者回答“是”或“否”,其中第 1、第 5、第 7、第 9、第 15、第 19、第 21、第 27、第 29、第 30 条用反序计分(回答“否”表示抑郁存在)。每项表示抑郁的回答得 1 分;

2. 总分 0~10 分为正常,11~20 分为轻度抑郁,21~30 分为中重度抑郁。

附表10 家庭支持量表

项 目	经常	有时	很少
1. 当我遇到困难时,可以从家人处得到满意的帮助			
补充说明			
2. 我很满意家人与我讨论各种事情以及分担问题的方式			
补充说明			
3. 当我希望从事新的活动或发展时,家人能接受并给予支持			
补充说明			
4. 我很满意家人对我表达情感时的方式以及对我愤怒、悲伤等情绪的反应			
补充说明			
5. 我很满意家人与我共度美好时光的方式			
补充说明			

1. “经常”得2分;“有时”得1分;“很少”得0分;
2. 总分在7~10分为家庭功能无障碍;4~6分为家庭功能中度障碍;0~3分为家庭功能重度不足。

附表11 老年人日常生活质量评估量表

项 目	得分
身体健康:	
1. 疾病症状	
(1)无明显病痛	3
(2)间或有病痛	2
(3)经常有病痛	1
2. 慢性疾病	
(1)无重要慢性病	3
(2)有,但不影响生活	2
(3)有,影响生活	1
3. 畸形残疾	
(1)无	3
(2)有(轻、中度驼背),不影响生活	2
(3)畸形或因病致残,部分丧失生活能力	1
4. 日常生活能力	
(1)能适当劳动,爬山、参加体育活动,生活完全自理	3
(2)做饭、管理钱财、料理家务、上楼、外出坐车等有时需人帮助	2
(3)丧失独立生活能力	1
本项共计得分:( )	
心理健康:	
5. 情绪、性格	
(1)情绪稳定,性格开朗,生活满足	3
(2)有时易激动、紧张、忧郁	2
(3)经常忧郁、焦虑、压抑、情绪消沉	1
6. 智力	
(1)思维能力、注意力、记忆力都较好	3
(2)智力有些下降,注意力不集中,遇事易忘,但不影响生活	2

续表

项　目	得分
(3)智力明显下降,说话无重点,思路不清晰,健忘、呆板	1
7. 生活满意度	
(1)夫妻、子女、生活条件、医疗保障、人际关系等都基本满意	3
(2)某些方面不够满意	2
(3)生活满意度差,到处看不惯,自感孤独苦闷	1
本项共计得分:(　　)	
社会适应:	
8. 人际关系	
(1)夫妻、子女、亲戚朋友之间关系融洽	3
(2)某些方面虽有矛盾,仍互相往来,相处尚可	2
(3)家庭矛盾多,亲朋往来少,孤独	1
9. 社会活动	
(1)积极参加社会活动,在社团中任职,关心国家集体大事	3
(2)经常参加社会活动,有社会交往	2
(3)不参加社会活动,生活孤独	1
本项共计得分:(　　)	
环境适应:	
10. 生活方式	
(1)生活方式合理,无烟、酒嗜好	3
(2)生活方式基本合理,已戒烟、酒不过量	2
(3)生活无规律,嗜烟、酗酒	1
11. 环境条件	
(1)居住环境、经济收入、医疗保障较好、社会服务日臻完善	3
(2)居住环境不尽如人意,有基本生活保障	2
(3)住房、经济收入、医疗费用等造成生活困难	1
本项共计得分:(　　)	

共计得分:(　　)

1. ①第一项"身体健康"的判断标准:12分为优良;8~11分为良好;5~7分为较差;4分为差。②第二项"心理健康"的判断标准:9分为优良;6~8分为良好;4~5分为较差;3分为差。③第三项"社会适应"的判断标准:6分为优良;4~5分为良好;3分为较差;2分为差。④第四项"环境适应"的判断标准:6分为优良;4~5分为良好;3分为较差;2分为差;

2. 以上各项相加即为总分;

3. 总分在30~33分者,说明生活质量良好,应继续采取原有的合理的生活方式,积极防治心血管疾病和癌症,力争健康长寿;总分在20~29分者,说明生活质量中等水平,应进一步检查自己的生活方式是否合理,自我保健措施是否有力,是否做到戒烟、少酒,是否每天坚持适量的体育锻炼,是否注意情绪的调整,对慢性病是否遵医嘱坚持治疗等,及时发现问题并予以纠正和改善,不断提高生活质量;总分在11~19分者,说明生活质量差,应争取保持或恢复生活自理功能,提高生活质量,延长健康期望寿命。

(张　静)

附录 B　老年护理职业标准

中国中级养老护理员职业标准

附表 1　中国养老护理员中级职业标准

职业功能	工作内容	技能要求	相关知识
一、生活照料	(一)清洁卫生	能为特殊老年人清洁口腔;照料有压疮老年人	1. 特殊老年人口腔护理方法 2. 压疮护理的相关知识
	(二)睡眠照料	1. 能照料有睡眠障碍的老年人 2. 能分析造成非正常睡眠原因并解决	1. 老年人睡眠障碍相关知识 2. 疼痛护理和松弛肌肉方法
	(三)饮食照料	能协助医护人员完成导管喂食	治疗饮食相关知识,鼻饲方法
二、护理技术	(一)给药	1. 能配合医护人员为压疮老年人换药 2. 能配合医护人员完成吸入法给药	1. 压疮换药方法 2. 吸入法给药注意事项
	(二)观察	1. 能测量老年人体温、脉搏、血压、呼吸 2. 能对老年人呕吐物进行观察 3. 能协助完成各种给药后的观察 4. 能观察濒临死亡老年人的体征	1. 体温、脉搏、血压、呼吸的测量方法 2. 药物过敏的相关知识
	(三)消毒	1. 能用常用物理消毒 2. 常用化学消毒方法进行消毒 3. 能进行传染病的隔离	1. 消毒隔离的操作方法 2. 无菌技术的基本操作规程
	(四)冷热应用	能给老年人进行温水擦浴和湿热敷	温水擦浴和湿热敷的方法
	(五)护理记录	1. 能正确书写老年人护理记录 2. 能对特殊老年人护理进行记录 3. 能对护理文件进行保管	护理文件记录与保管的相关知识
	(六)急救	能对外伤出血、烫伤、噎食、摔伤等意外及时报告并做出初步的应急处理	1. 氧气吸入方法 2. 吸痰方法
	(七)常见病护理	能配合医护人员完成对老年人高血压病、冠心病、卒中、帕金森病、糖尿病、退行性关节炎、痛风、便秘、老年性痴呆症等常见病的护理	老年人常见病的相关知识
三、康复护理	(一)肢体摩复	1. 能配合医护人员帮助特殊老年人进行肢体被动运动 2. 能配合医护人员开展常用作业疗法 3. 能指导老年人使用各类健身器材	1. 肢体摩复的相关知识 2. 健身器材使用常识

续表

职业功能	工作内容	技能要求	相关知识
	(二)闲暇活动	能组织老年人开展小型闲暇活动和常用娱乐方法	
四、心理护理	沟通与协调	1. 能对老年人的情绪变化进行观察,并能与老年人进行心理沟通 2. 能对老年人人际交往中存在的不和谐现象与矛盾进行分析指导 3. 能协助解决临终老年人心理与社会需求	1. 与老年人进行心理沟通的技巧 2. 老年人心理咨询的相关知识 3. 临终关怀的相关知识

附　美国老年护理职业标准

1. *老年护理服务的组织*　所有的老年护理服务必须是有计划、有组织,并且是由护理人员执行管理。执行者必须具有学士以上学历,并且有老年护理及老年长期照料或急性救护机构的工作经验。

2. *理论*　护理人员参与理论的发展和研究,护理人员以理论的研究及测试作为临床的基础,用理论指导有效的老年护理活动。

3. *收集资料*　老年人的健康状态必须定期、完整、详细、正确,并且有系统的评估。在健康评估中所获得的资料可以和健康照护的成员分享,包括老年人和其家属。

4. *护理诊断*　护理人员使用健康评估资料以决定其护理诊断。

5. *护理计划及持续护理*　护理人员与老年人和适当人选共同制订护理计划。计划包括共同的目标、优先顺序、护理方式以及评价方法,以满足老年人治疗性、预防性、恢复性和康复性需求。护理计划可协助老年人达到及维持最高程度的健康、安宁、生活质量和平静的死亡,并帮助老年人得到持续的照顾,即使老年人转到不同环境也能获得继续照顾,在必要时修改。

6. *护理措施*　护理人员依据护理计划的指引提供护理措施,以恢复老年人的功能性能力,并且预防并发症和残疾的发生。护理措施源自护理诊断,以老年护理理论为基础。

7. *评价*　护理人员持续的评价老年人和家属对护理措施的反应,已决定目标完成的进度,并根据评价结果修正护理诊断和护理计划。

8. *医疗团队合作*　护理人员与健康保健小组成员合作,在各种不同的情况下给予老年人照顾服务。小组成员定期开会,以评价对老年人及家属护理计划的有效性,并依据需要改变调整护理计划。

9. *研究*　护理人员参与研究设计老年人护理计划,对老年人进行护理知识宣传,并在临床运用。

10. *伦理*　护理人员依据“护理人员守则”作为伦理抉择的指标。

11. *专业成长*　护理人员不仅对护理专业的发展负有责任,而且应该对健康保健人员的专业成长做出贡献。

(生加云)

附录C　医学生誓言

南丁格尔誓约

余谨于上帝及公众前宣誓:愿吾一生纯洁忠诚服务,勿为有损无益之事,勿取服或故用有害之药,当尽予力以增高吾职业之程度。凡服务时所知所闻之个人私事及一切家务均当谨守秘密,予将以忠诚勉助医生行事,并专心致志以注意授予护理者之幸福。

我要把我的一生奉献给伟大的人道主义事业。我凭着良心和人格行使我的职责。我首先考虑的是我的病人的健康。凡是托付于我的秘密我均予以严守。我将用博爱精神维护医务工作者的崇高荣誉。在我的职责范围内不允许把宗教、国籍、种族等因素掺杂进来。即使受到不公正的对待,我也将以最大的努力尊重从胎儿开始的生命,决不利用我所掌握的医学知识违背人类的道德范围。我庄严地、神圣地并以我个人的人格做出上述保证。

中国医学生誓言

健康所系,性命相托。

当我步入神圣医学学府的时刻,谨庄严宣誓:

我志愿献身医学,热爱祖国,忠于人民,恪守医德,尊师守纪,刻苦钻研,孜孜不倦,精益求精,全面发展。

我决心竭尽全力除人类之病痛,助健康之完美,维护医术的圣洁和荣誉,救死扶伤,不辞艰辛,执着追求,为祖国医药卫生事业的发展和人类身心健康奋斗终生。

《老年护理》数字化辅助教学资料

一、网络教学资料

1. 网址 www.ecsponline.com/topic.php？ topic_id=29

2. 内容

(1)教学大纲及学时安排

(2)教学用 PPT 课件

二、手机版数字化辅助学习资料

1. 网址(二维码)

2. 内容

(1)知识点/考点标注

(2)练习题:每本教材一套,含问答题、填空题、选择题等多种形式

(3)模拟试卷

三、相关选择题答案

第 1 章　绪论

1. E　2. D　3. C　4. D　5. C　6. A　7. E　8. E　9. B　10. B　11. E　12. A　13. E　14. C　15. B　16. C　17. E　18. A　19. ABCDE　20. A　E　21. A　B　E

第 2 章　老年人的健康管理

1. A　2. D　3. C　4. E　5. D　6. D　7. C　8. D　9. B　10. E　11. A　12. C　13. B　14. A　15. E　16. C　17. E　18. D　19. D　20. BC　21. BCDE　22. ABCDE　23. ABCDE　24. ABE

第 3 章　老年人的心理健康及护理

1. D　2. D　3. B　4. B　5. C　6. B　7. C　8. B　9. B　10. B　11. A　12. C　13. B　14. C　15. D　16. B　17. ABCD　18. ABCD　19. ABCD　20. ABC　21. ABCDE

第 4 章　老年人的日常生活护理

1. E　2. B　3. B　4. C　5. E　6. A　7. D　8. D　9. A　10. B　11. D　12. B　13. C　14. E　15. C　16. B　17. D　18. E　19. C　20. E　21. D　22. C　23. A　24. C　25. D　26. B　27. A　28. A　29. B　30. C　31. E　32. E　33. E　34. D　35. ABCDE　36. ABC　37. ABCDE　38. ABCDE　39. ABCD　40. ABCD

第 5 章　老年人的安全用药与护理

1. D　2. A　3. D　4. C　5. C　6. A　7. B　8. B　9. E　10. B　11. B　12. A　13. D　14. E　15. A　16. A　17. B　18. D　19. ABDE　20. ABCD

第 6 章　老年人常见的健康问题与护理

1. D　2. C　3. D　4. D　5. B　6. B　7. D　8. A　9. E　10. C　11. C　12. B　13. D

14. B 15. E 16. C 17. B 18. B 19. E 20. C 21. E 22. B 23. D 24. C 25. A 26. ABCDE 27. ABCDE

第 7 章 老年人常见的疾病与护理

1. C 2. C 3. B 4. D 5. C 6. A 7. E 8. C 9. B 10. C 11. D 12. B 13. E 14. D 15. A 16. D 17. D 18. D 19. C 20. D 21. E 22. D 23. D 24. B 25. B 26. E 27. D 28. E 29. E 30. D 31. B 32. D 33. D 34. B 35. B 36. B 37. C 38. A 39. E 40. E 41. A 42. A 43. E 44. B 45. E 46. B 47. A 48. C 49. D 50. A 51. B 52. B 53. E 54. B 55. C 56. A 57. C 58. ABCD 59. ABCDE 60. CD

第 8 章 老年人的临终关怀与临终护理

1. A 2. B 3. A 4. B 5. E 6. C 7. E 8. D